Silke Lorenz

Die Städtische Dimension der Strukturfonds

Kombinationen mit nationalen Mitteln der Städtebauförderung

Diplomica Verlag GmbH

Lorenz, Silke: Die Städtische Dimension der Strukturfonds: Kombinationen mit nationalen Mitteln der Städtebauförderung. Hamburg, Diplomica Verlag GmbH 2015

Buch-ISBN: 978-3-95934-547-7
PDF-eBook-ISBN: 978-3-95934-047-2
Druck/Herstellung: Diplomica® Verlag GmbH, Hamburg, 2015

Bibliografische Information der Deutschen Nationalbibliothek:
Die Deutsche Nationalbibliothek verzeichnet diese Publikation in der Deutschen
Nationalbibliografie; detaillierte bibliografische Daten sind im Internet über
http://dnb.d-nb.de abrufbar.

© Diplomica Verlag GmbH
Hermannstal 119k, 22119 Hamburg
http://www.diplomica-verlag.de, Hamburg 2015
Printed in Germany

Inhaltsverzeichnis

Abkürzungsverzeichnis

Abb.	- Abbildung
Abt.	- Abteilung
AEUV	- Vertrag über die Arbeitsweise der Europäischen Union
AfSD	- Amt für soziale Dienste
AG	- Arbeitsgemeinschaft
Art.	- Artikel
Az.	- Aktenzeichen
BauGB	- Baugesetzbuch
BBSR	- Bundesinstitut für Bau-, Stadt- und Raumforschung
BIP	- Bruttoinlandsprodukt
BMBF	- Bundesministerium für Bildung und Forschung
BMUB	- Bundesministerium für Umwelt, Naturschutz, Bau und Reaktorsicherheit
BMVBS	- Bundesministerium für Verkehr, Bau und Stadtentwicklung
BMWi	- Bundesministerium für Wirtschaft und Energie
BW	- Bewilligte Mittel
bzw.	- beziehungsweise
ca.	- zirka
DGB	- Deutscher Gewerkschaftsbund
d.h.	- das heißt
Dok.	- Dokument
DV	- Deutscher Verband für Wohnungswesen, Städtebau und Raumordnung e.V.
DVL	- Deutscher Verband für Landschaftspflege eV
Ebd.	- ebenda
EFRE	- Europäischer Fonds für regionale Entwicklung
EG	- Europäische Gemeinschaft
EP	- Europäisches Parlament
ESF	- Europäischer Sozialfonds
EU	- Europäische Union
EUV	- Vertrag über die Europäische Union

e.V.	- eingetragener Verein
EW	- Einwohner
EWG	- Europäische Wirtschaftsgemeinschaft
f.	- für
ff.	- die folgenden
FP	- Förderperiode
FuE	- Forschung und Entwicklung
Gem.	- gemäß
GI	- Gemeinschaftsinitiative
GG	- Grundgesetz für die Bundesrepublik Deutschland
ggf.	- gegebenenfalls
IHK	- Industrie- und Handelskammer
IKT	- Informations- und Kommunikationstechnologie
HB	- Freie Hansestadt Bremen
Hrsg.	- Herausgeber
k.A.	- keine Angaben
KF	- Kohäsionsfonds
Kita	- Kindertagesstätte
KOM	- Kommission
KMU	- kleine und mittlere Unternehmen
LHO	- Landeshaushaltsordnung
lit.	- littera
Mio.	- Million
Mrd.	- Milliarde
MS	- Mitgliedstaat
Nr.	- Nummer
NRP	- Nationales Reformprogram
NRW	- Nordrhein-Westfalen
NSRP	- Nationaler Strategischer Rahmenplan
o.a.	- oben angegeben
OP	- Operationelles Programm

P	- Prioritätsachse
Par.	- paritätisches
QBZ	- Quartiersbildungszentrum
rd.	- rund
RuR	- Raumforschung und Raumordnung
RWB	- Regionale Wettbewerbsfähigkeit und Beschäftigung
S.	- Seite
SD	- städtische Dimension
SN	- Sachsen
StBauF	- Städtebauförderung
SUW	- Stadtumbau West
T.	- Tausend
Tab.	- Tabelle
u.a.	- und andere
UN	- United Nations
Vgl.	- vergleiche
VO	- Verordnung
VV	- Verwaltungsvereinbarung
VwV	- Verwaltungsvorschriften
WiN	- Wohnen in Nachbarschaften
Ziff.	- Ziffer

Tabellenverzeichnis

Abbildungsverzeichnis

Anlagenverzeichnis

Vorwort

Nach Auslaufen der Förderperiode 2007—2013 und zu Beginn der neuen EU-Förderperiode 2014—2020 werden derzeit die Bedingungen städtischer Förderung im Rahmen der laufenden Strukturprogramme angepasst. Die kommunale Ebene steht vor besonderen Herausforderungen, da es in vielen Städten aufgrund schwieriger Haushaltssituationen nur eingeschränkt möglich ist, notwendige Komplementärmittel für die Förderung aus Strukturfondsprogrammen oder aus nationalen Städtebaufördermitteln aufzubringen. Das Ziel dieser Arbeit ist, ländereigene Verfahrensweisen in der Förderung der integrierten Stadtentwicklung herauszuarbeiten und diese hinsichtlich möglicher Kombinationsmöglichkeiten respektive Abgrenzungszwängen von europäischen mit nationalen Fördermitteln zu vergleichen.

Der Grundlagenteil der Arbeit erläutert die Entwicklung der städtischen Dimension auf europäischer Ebene als einen sich entwickelnden Politikbereich und beschreibt die Entscheidungen für die Förderung auf europäischer und auf deutscher Ebene sowie die Implementierung der Strukturförderung im nationalen Bereich.

Im empirischen Teil werden anhand von EFRE-geförderten Projekten der Förderperiode 2007—2013 aus den Bundesländern Bremen, Nordrhein-Westfalen und Sachsen, Unterschiede, Gemeinsamkeiten und Signifikanzen beim Kombinieren der europäischen Fördermittel mit der Städtebauförderung vorgestellt. Die Arbeit schließt mit einem Blick auf die Förderperiode 2014—2020.

Das Verfassen dieser Arbeit wäre ohne die Daten und Auskünfte aus den zuständigen Ministerien und Behörden der Länder Bremen, Nordrhein-Westfalen und Sachsen nicht möglich gewesen. An dieser Stelle danke ich allen Expertinnen und Experten, die mir ihr Wissen zur Städtischen Dimension zur Verfügung stellten, sehr herzlich.

1. Grundlagenteil

1.1. Einführung in Fragestellung und Thematik

Städte gelten als Motoren gesellschaftlicher und wirtschaftlicher Entwicklung. Hier bündeln sich gesellschaftliche Probleme und Potentiale wie in einem Brennglas. Einerseits steht die Stadt für wirtschaftliche Dynamik, technische, ökologische, soziale und kulturelle Innovationen sowie Chancen, auf der anderen Seite konzentrieren sich in den Städten die sozialen Ungleichheiten.[1] Die Stadt erweist sich damit gleichsam als Katalysator des Politischen.[2] Diese Erkenntnisse nimmt eine Veröffentlichung der EU-Kommission auf, in der festgestellt wird: „Städte und Metropolen sind die treibenden Kräfte der wirtschaftlichen Entwicklung Europas. Sie kämpfen auch an vorderster Front gegen Wachstums- und Beschäftigungshindernisse – insbesondere gegen soziale Ausgrenzung und zunehmende Schädigung der Umwelt."[3]

Städte spielen auch im täglichen Leben der meisten Menschen in Europa eine wichtige Rolle, da 2011 bereits fast 74 % der europäischen Bevölkerung in städtischen Gebieten lebte.[4] Die Tendenz ist steigend, 2001 waren es erst 71,77 % der Bevölkerung der Europäischen Union; die Zahl vergrößerte sich kontinuierlich bis 2011. Damit entsprechen die Zahlen für die EU denen weltweit. Mehr als 50 % der Weltbevölkerung lebt heute in Städten, für das Jahr 2050 wird ein weiterer Anstieg auf 75 % erwartet.[5]

Mit diesen Zahlen und der Tendenz zur weiteren Verstädterung ergeben sich Möglichkeiten und Chancen auf eine nachhaltige und positive Entwicklung der gesamten Europäischen Union durch eine zielgerichtete Städtepolitik. Jedoch stellen die Städte eine doppelte Herausforderung dar, vor der die Europäische Union heute steht: Die Wettbewerbsfähigkeit zu verbessern und gleichzeitig sozialen und ökologischen Anforderungen gerecht zu werden.[6]

Im Rahmen dieser Arbeit wird die Frage untersucht, wie die Europäische Union über Strukturfondsmittel im Zusammenspiel mit nationalen Mitteln Einfluss nehmen kann und wie die Möglichkeiten der Strukturförderung in der Städtischen Dimension in Deutschland genutzt werden können bzw. in der FP 2007—2013 tatsächlich genutzt wurden. Der Begriff der „Städtischen Dimension" ist nicht eindeutig definiert und wird im Folgenden eng ausgelegt, d.h. es gehören ausschließlich Maßnahmen dazu, die am Acquis URBAN und an Art. 8 der EFRE-VO ausgerichtet sind.[7] Voraussetzung für das Vorliegen einer solchen

---

[1] Vgl. Reicher 2012, S. 190.
[2] Vgl. Lemke 2012, S. 16.
[3] Piskorz 2008, S. 3.
[4] Vgl. http://de.statista.com/statistik/daten/studie/249028/umfrage/urbanisierung-in-der-europaeischen-union-eu/ (09.08.2014).
[5] Vgl. UN HABITAT 2008, S.12.
[6] Vgl. Europäische Kommission: 2010, S. 13.
[7] Vgl. BMVBS 2010a, S. 12.

Maßnahme ist, dass es eine partizipative, integrierte und nachhaltige Strategie gibt, auf deren Basis die Maßnahme umgesetzt werden soll.

Zunächst einmal ist Stadtentwicklung in Deutschland die Aufgabe von Städten und Gemeinden. „Faktisch hat die Kommission gegenüber den Mitgliedstaaten keine formalen Kompetenzen in der Kommunalpolitik [...]."[8] Die Strukturpolitik wird von den Bundesländern und auf europäischer Ebene von der EU gestaltet. Diese Politik wirkt sich direkt auf die Stadtentwicklung aus. Bund, Länder und Gemeinden sind daher gefordert, gemeinsam mit der EU durch Koordinierung und Bündelung von Stadtentwicklungsplanung und Strukturpolitik stärkere Synergien für eine ganzheitliche Entwicklung des Gemeinwesens Stadt zu schaffen.[9] Dies gilt besonders vor dem Hintergrund weiterhin angespannter Haushaltslagen in vielen Kommunen Deutschlands.[10] Denn häufig entscheidet die Möglichkeit der Finanzierung von Komplementärmitteln darüber, ob Kommunen überhaupt Strukturfondsmittel in Anspruch nehmen können. Städtebauliche Missstände finden sich in vielen Kommunen. Oft sind jedoch gerade die ärmeren nicht in der Lage, notwendige Maßnahmen zur positiven städtebaulichen Entwicklung und zur Verhinderung und Beseitigung von Fehlentwicklungen zu tätigen.[11] Es ist daher wichtig zu erkennen, mit welchen Maßnahmen Investitionen sowohl über die Strukturfondsprogramme der EU als auch über nationale Programme gefördert werden können und welche Hindernisse es ggf. beim Kombinieren gibt.

1.2. Methoden

Diese Arbeit wurde mittels Literatur- und Dokumentenanalyse und mit Hilfe von Experteninterviews erstellt. Hinzugezogen wurden außerdem beschreibende Projektsteckbriefe für die Best-Practice-Beispiele.

1.3. Begrifflichkeiten und Untersuchungsgegenstände

1.3.1. EU-Ebene—Grundlagen der Städtischen Dimension

1.3.1.1. Lissabon-Strategie

Die auf einem Sondergipfel der europäischen Staats- und Regierungschefs im März 2000 verabschiedete Lissabon-Strategie[12] bildete das Fundament für die Ausformung der Europäischen Regionalpolitik in der Förderperiode 2007—2013. Die Strategie sieht vor, die Wettbewerbsfähigkeit der Europäischen Union zu stärken, indem die Produktivität und Innovationsgeschwindigkeit erhöht wird. Hierdurch soll die Union zum wettbewerbsfähigsten und dynamischsten wissensbasierten Wirtschaftsraum in der Welt werden — einem

---

[8] Zimmermann 2008, S. 80.
[9] Vgl. Müller-Zick, S. 647.
[10] Vgl. Bertelsmann-Stiftung 2013, S.14.
[11] Vgl. Kunzmann 2007, S. 169.
[12] Vgl. http://www.europarl.europa.eu/summits/lis1_de.htm (09.08.2014).

Wirtschaftsraum, der fähig ist, ein dauerhaftes Wirtschaftswachstum mit mehr und besseren Arbeitsplätzen und einem größeren sozialen Zusammenhalt zu erzielen.[13] Davon umfasst waren als quantitative Vorgaben Vollbeschäftigung durch die Schaffung von 20 Millionen Arbeitsplätzen EU-weit sowie eine durchschnittliche Wachstumsrate von 3% und der Einsatz von 3% des nationalen Bruttoinlandsproduktes für die Finanzierung von Forschung und Entwicklung. Mit den folgenden Europäischen Räten am 19./20.06.2000[14] und am 23./24.03.2001[15] wurde die Lissabon-Strategie in der sozialen Komponente vertieft und durch eine Umweltdimension für nachhaltige Entwicklung erweitert.

Zur Umsetzung der Lissabon-Strategie verabschiedete der Rat integrierte Leitlinien zu den Grundzügen der Wirtschaftspolitik auf der Grundlage von Artikel 99 und Artikel 128 des EG-Vertrages[16]. Diese Leitlinien dienen den Mitgliedstaaten als Orientierung bei ihrer Politik, die sie im Rahmen ihrer nationalen Reformprogramme[17] verfolgen,. Die Leitlinien sind bereits seit dem Vertrag von Amsterdam[18] Bestandteil des EU-Vertragswerks. Darüber hinaus entschied der Rat am 06.10.2006 über Leitlinien der Kohäsion[19]. Danach sollten mit Blick auf das Ziel der Förderung realer wirtschaftlicher Konvergenz Maßnahmen aus den für die Kohäsionspolitik verfügbaren, begrenzten Mitteln unterstützt werden, und zwar vornehmlich zur Förderung der in der überarbeiteten Lissabon-Strategie festgelegten Prioritäten nachhaltiges Wachstum, Wettbewerbsfähigkeit und Beschäftigung.

Um die Ziele der Lissabon-Strategie und die der Leitlinien erreichen zu können, stellt die Europäische Union über verschiedene Fonds Mittel zur Verfügung, welche zur Verringerung des Strukturgefälles zwischen den europäischen Regionen beitragen und eine ausgewogene räumliche Entwicklung unterstützen sollen. Die EU-Strukturfonds werden auch als „Hauptfinanzierungsinstrumente" der EU im stadtentwicklungspolitischen Zusammenhang bezeichnet.[20] Die Regionalpolitik konnte im mehrjährigen Finanzrahmen für die auslaufende Förderperiode 2007—2013 mit rund 347 Mrd. Euro (neben der Agrarförderung) über den zweitgrößten Ausgabenblock des EU-Haushaltes verfügen.

---

[13] Vgl. http://www.europarl.europa.eu/summits/lis1_de.htm (09.08.2014).
[14] Vgl. http://www.europarl.europa.eu/summits/fei1_de.htm#II (09.08.2014).
[15] Vgl. http://www.consilium.europa.eu/ueDocs/cms_Data/docs/pressData/de/ec/ACF191B.html (09.08.2014).
[16] Vgl. KOM(2005)141 http://eur-lex.europa.eu/search.html;ELX_SESSIONID=11ZHTmSNM2kL1Jv0Vy85b0T0y0jhzJKFwfDXtmMzBT 2cCGG4D5sj!115450068?type=expert&qid=1407586893995 (09.08.2014) und KOM(2007)803. http://eur-lex.europa.eu/search.html?type=expert&qid=1407586964804 (09.08.2014).
[17] Vgl. Ziff. 1.3.2.2. dieser Arbeit.
[18] Inkrafttreten am 01.01.1999.
[19] Vgl. Rat der Europäischen Union: 2006/702/EG: http://eur-lex.europa.eu/legal-content/DE/TXT/?uri=CELEX:32006D0702 (09.08.2014).
[20] Vgl. Eltges 2005, S.136.

1.3.1.2. Entwicklung der städtischen Dimension auf europäischer Ebene

In den vergangenen Jahrzehnten wurde die Städtische Dimension in der EU-Politik als eine Möglichkeit wahrgenommen, auf Städte als Treiber der gesamtwirtschaftlichen Entwicklung positiven Einfluss zu nehmen, denn eine unzureichende Ausstattung mit Infrastrukturinvestitionen begrenzt das mögliche Wachstum einer Volkswirtschaft.[21] Formal fehlt es jedoch bis heute an der Zuständigkeit der EU, da nach dem Subsidiaritätsprinzip[22] die Mitgliedstaaten für städtische Politik verantwortlich sind. Versuche dies zu ändern scheiterten[23], so dass die Städtische Dimension ihre Ausformung in den bereits vorhandenen Bestimmungen der Regionalpolitik fand.[24] Um städtische Probleme anzugehen, Lösungen zu entwickeln und um das Bewusstsein für europäische Politik auf der lokalen Ebene zu stärken („Bringing Europe closer to the citizens.")[25], nutzte die EU-Kommission Art. 10 EFRE-VO. Dieser sah vor, dass ein bestimmter Anteil der Strukturfondsmittel für innovative Vorhaben und kommunalen Erfahrungsaustausch reserviert waren. Die Mittel konnten direkt bei der Europäischen Kommission beantragt werden. Eine Einbindung übergeordneter Behörden war nicht notwendig. Unterstützt wurden Maßnahmen wie Studien, Pilotprojekte oder Netzwerke, die einen kommunalen Erfahrungsaustausch ermöglichen.

In der Zeit von 1989 bis 1999 erhielten Städte im Rahmen des Urban Pilot Programms[26] die Möglichkeit, sich um Fördermittel für Pilotprojekte zur Lösung von städtischen Problemlagen zu bewerben. Das Programm lief sehr erfolgreich, sodass, hieran anknüpfend, 1994 die URBAN-Gemeinschaftsinitiative[27] entstand. Durch die Gemeinschaftsinitiative sollten krisenbetroffene Stadtviertel unterstützt werden, insbesondere im Hinblick auf physische und ökologische Erneuerung, soziale Eingliederung sowie Unternehmertum und Beschäftigung. Ziel der Initiative war auch die wirtschaftliche und soziale Wiederbelebung von krisenbetroffenen Städten und Stadtrandgebieten zur Förderung einer dauerhaften Städteentwicklung.

Anlässlich eines informellen Ministertreffens zur Stadtentwicklung am 24./25. Mai 2007 in Leipzig wurde die „Leipzig Charta"[28] zur nachhaltigen europäischen Stadt verabschiedet. Hierin wurde ein deutliches Bekenntnis zur europäischen Stadt formuliert: „Unsere Städte verfügen über einzigartige kulturelle und bauliche Qualitäten, große soziale Integrationskräfte

---

[21] Vgl. Tuchtfeldt 1970, S. 132.
[22] Vgl. Art. 5 Abs. 3 EUV und Protokoll Nr. 2 über die Anwendung der Grundsätze der Subsidiarität und der Verhältnismäßigkeit. http://www.politische-union.de/verfassungsvertrag2004/p2.htm (09.08.2014).
[23] Vgl. Tofarides 2003, S. 63.
[24] Es gibt auch kritische Stimmen: z.B. Sinz 2004, S. 345 ff.
[25] Vgl. Tofarides, 2003, S. 53.
[26] Vgl. http://ec.europa.eu/regional_policy/archive/urban2/urban/upp/src/frame4.htm (09.08.2014).
[27] Vgl. http://europa.eu/legislation_summaries/employment_and_social_policy/social_inclusion_fight_against_poverty/g24209_de.htm (09.08.2014).
[28] Text unter: http://www.espon-usespon.eu/library,leipzig-charter-on-sustainable-european-cities. (09.08.2014).

und außergewöhnliche ökonomische Entwicklungschancen. Sie sind Wissenszentren und Quellen für Wachstum und Innovation." Zur inhaltlichen Entwicklung der Stadtentwicklungspolitik wurde weiter ausgeführt: „Integrierte Stadtentwicklungspolitik ist ein Prozess. In diesem Prozess findet die Koordinierung zentraler städtischer Politikfelder in räumlicher, sachlicher und zeitlicher Hinsicht statt. Die Einbeziehung der wirtschaftlichen Akteure, Interessensgruppen und der Öffentlichkeit sind hierbei unabdingbar." Die Vertreter der Mitgliedstaaten als Unterzeichner der Charta begrüßen darüberhinaus ausdrücklich die Aussagen der Territorialen Agenda der Europäischen Union[29] sowie die Arbeiten der europäischen Institutionen, die eine integrierte Sicht der Stadtentwicklung befördern.

Bereits im Hintergrundpapier „Integrierte Stadtentwicklung als Erfolgsbedingung einer nachhaltigen Stadt"[30] zur Leipzig Charta wurde vorgeschlagen, unter integrierten Ansätzen eine Abstimmung und Vernetzung unterschiedlicher politischer Handlungsfelder und Fachplanungen zu verstehen, mit denen unter Vorgabe bestimmter (finanzieller) Instrumente, definierte Ziele erreicht werden sollen. Weiter wurde dort ausgeführt, dass sich in der Praxis Ansätze integrierter Stadt(teil)entwicklung durch einen dezidierten Gebietsbezug, die Bündelung von Ressourcen, die intensive Einbeziehung eines breiten Akteursspektrums auch außerhalb von Politik und Verwaltung sowie dafür geeignete Management- und Organisationsstrukturen auszeichnen. Grundlage für diesen Gesamtprozess sollte ein integriertes Entwicklungskonzept sein.[31]

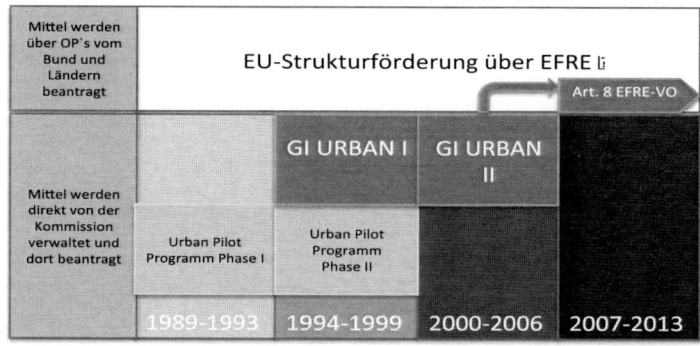

Abb. 1: Entwicklung der Städtischen Dimension in der Strukturpolitik[32]

---

[29] Die Territoriale Agenda nennt sechs aktuelle Herausforderungen: Klimawandel, Energieversorgung, globaler Wettbewerb, Osterweiterung der EU, Überbeanspruchung natürlicher und kultureller Ressourcen, demographischer Wandel. Der territoriale Zusammenhalt ist eine Voraussetzung, um diesen Herausforderungen zu begegnen.
http://ec.europa.eu/regional_policy/what/cohesion/index_de.cfm (09.08.2014).
[30] Vgl. BMVBS (Hrsg.): Integrierte Stadtentwicklung als Erfolgsbedingung einer nachhaltigen Stadt 2007,
http://www.bbsr.bund.de/cln_032/nn_21890/BBSR/DE/Veroeffentlichungen/BBSROnline/2007/ON082 007.html (09.08.2014).
[31] Vgl. BMVBS 2012a, S. 17.
[32] Eigene Darstellung.

Aus der Gemeinschaftsinitiative URBAN II entwickelte sich dann für die Förderperiode 2007—2013 das sogenannte „Mainstreaming", was bedeutet, dass die Städtische Dimension mit in den regulatorischen Rahmen für die operationellen Programme aufgenommen wurde. Demnach berücksichtigt die EU die spezifischen Merkmale der Städte stärker und ermutigt die Mitgliedstaaten, dies ebenso zu tun.[33] Die Städtische Dimension mit ihren stadtorientierten Projekten wurde mit der Förderperiode 2007—2013 somit vollständig in die Operationellen Programme des EFRE integriert.[34] Mit diesem Schritt wurden die Strukturfonds für alle Städte in Europa geöffnet. Dadurch wurde klar, dass die Städte eine Schlüsselrolle bei der Bewältigung der Herausforderungen des tiefgreifenden Strukturwandels der europäischen Gesellschaften und bei der Erreichung der Politikziele der EU spielen würden.[35]

Tab. 1: Meilensteine europäischer Stadtpolitik[36]

1989—1999	Urban Pilot Projekte
1996—1999	URBAN I
1997	Mitteilung der Kommission: „Wege zur Stadtentwicklung in der Europäischen Union" („Urban Agenda")
2000—2006	URBAN II und Städtische Dimension in der ZIEL 2—Förderung
2004	„Urban Acquis" (gemeinsame Prinzipien erfolgreicher Stadtpolitik, informelles Ministertreffen in Rotterdam)[37]
2006	Städtischer Aktionsrahmen für die FP 2007—2013
2007	Leipzig-Charta zur nachhaltigen europäischen Stadt
2007	Leitfaden „Die Städtische Dimension der Gemeinschaftspolitik im Zeitraum 2007—2013"
2007—2013	„Urban Mainstreaming"—Überführung in die Strukturfonds

1.3.1.3. Strukturfonds als Teil der Kohäsionspolitik

Die Strukturfonds ESF, EFRE und der Kohäsionsfonds (KF)[38] sind finanzielle Instrumente der EU zur Umsetzung ihrer Kohäsionspolitik. Dieser Politikbereich verfügte in der

---

[33] Vgl. http://ec.europa.eu/regional_policy/sources/docgener/guides/urban/index_de.htm (09.8.2014).
[34] Vgl. Piskorz, 2008, S. 3.
[35] Vgl. Frank 2008, S. 108.
[36] Vgl. Zimmermann 2008, S. 85.
[37] Vgl.
http://www.bbsr.bund.de/BBSR/EN/UrbanDevelopment/UrbanDevelopmentEurope/EuropeanUrbanPol icy/Projects/MemberStateCooperation/MemberStateCooperation.html;jsessionid=62CB8FF7421CABF 75B98595D49EA647E.live1042?nn=385310#doc385274bodyText2 (09.08.2014).
[38] Der Kohäsionsfonds fördert Mitgliedstaaten mit einem BIP von weniger als 90 % des Gemeinschaftsdurchschnitts; Deutschland erhielt keine Mittel aus dem Fonds.

Förderperiode 2007—2013 über einen Haushalt von insgesamt 347 Mrd. € für die drei Ziele Konvergenz, Regionale Wettbewerbsfähigkeit und Beschäftigung sowie Territoriale Zusammenarbeit.[39] Um zielgerichtet auf die unterschiedlichen Bedürfnisse einzelner Regionen einwirken zu können, werden wirtschaftlich stärkere (RWB-) und wirtschaftlich schwächere (Konvergenz-) Regionen anhand des BIP/Kopf ermittelt, für die dann Mittel der unterschiedlichen Fonds abrufbar sind. Für die FP 2007—2013 gehörten in Deutschland die ostdeutschen Länder und die Region Lüneburg in Niedersachsen zu den wirtschaftlich schwächeren Konvergenzregionen, d.h. Regionen mit einem Bruttoinlandsprodukt pro Kopf von unter 75% des EU-Durchschnitts.

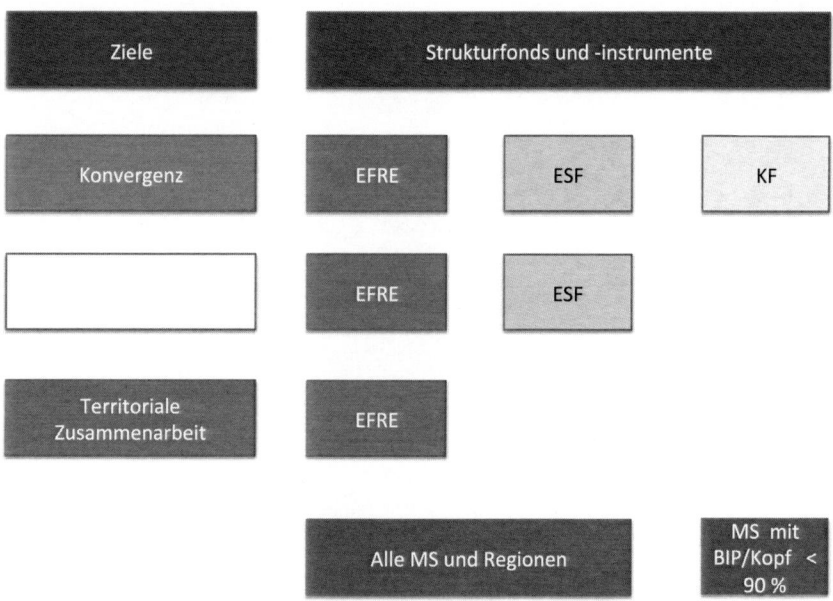

Abb. 2: Übersicht der Strukturfonds mit den dazugehörigen Zielen in der FP 2007—2013[40]

---

[39] Vgl. http://europa.eu/legislation_summaries/agriculture/general_framework/g24231_de.htm (09.08.2014).
[40] Vgl. BMBF: http://www.forschungsrahmenprogramm.de/kohaesionsinstrumente.htm (09.09.2014).

Tab. 2: Mittel der EU für Deutschland in der FP 2007—2013 in Mrd. €[41]

Ziel	Fonds	EU	Nationale öffentliche Mittel	Nationale private Mittel	Gesamtmittel
Konvergenz	EFRE	11,4	3,7	0,5	15,6
	ESF	4,7	1,2	0,3	6,2
RWB	EFRE	4,7	3,7	2,4	10,8
	ESF	4,7	3,6	1,2	9,5
Territoriale Zusammen-arbeit	EFRE	0,9	0	0	0,9
Summen		26,4	12,2	4,4	43

Der EFRE-Strukturfonds hat gemäß Art. 176 AEUV das Ziel, durch die Verringerung des wirtschaftlichen Rückstands der am stärksten zurückgebliebenen Gebiete sowie durch Förderung des Strukturwandels der „Industriegebiete mit rückläufiger Entwicklung" zum Abbau der regionalen Ungleichgewichte in der Gemeinschaft beizutragen. Dadurch soll der wirtschaftliche und soziale Zusammenhalt der Union gestärkt und einer harmonischen weiteren Vertiefung der Integration der Weg geebnet werden. Der Fonds ist an die Prioritäten der EU im Rahmen der Lissabon-Strategie im Bereich der Förderung von Wachstum und Beschäftigung geknüpft, indem 60 % der Ausgaben für das Ziel „Konvergenz" und 75 % der Ausgaben für das Ziel „Regionale Wettbewerbsfähigkeit und Beschäftigung" an diese Strategie gebunden sind.[42]

Im Rahmen des Konvergenzziels (Art. 4 EFRE-VO) konzentriert der EFRE seine Förderung auf eine integrierte und nachhaltige Wirtschaftsentwicklung und die Beschäftigung auf regionaler und lokaler Ebene. Mit dem weiteren Ziel „Regionale Wettbewerbsfähigkeit und Beschäftigung" (Art. 5 EFRE-VO) fokussiert der Fonds seine Förderungen hingegen auf Innovation und wissensbasierte Wissenschaft, Umwelt und den Zugang zu Verkehrs- und Telekommunikationsdiensten.

---

[41] Vgl. http://ec.europa.eu/regional_policy/atlas2007/germany/index_de.htm (09.08.2014).
[42] Vgl. BMBF: http://www.forschungsrahmenprogramm.de/kohaesionsinstrumente.htm (09.08.2014).

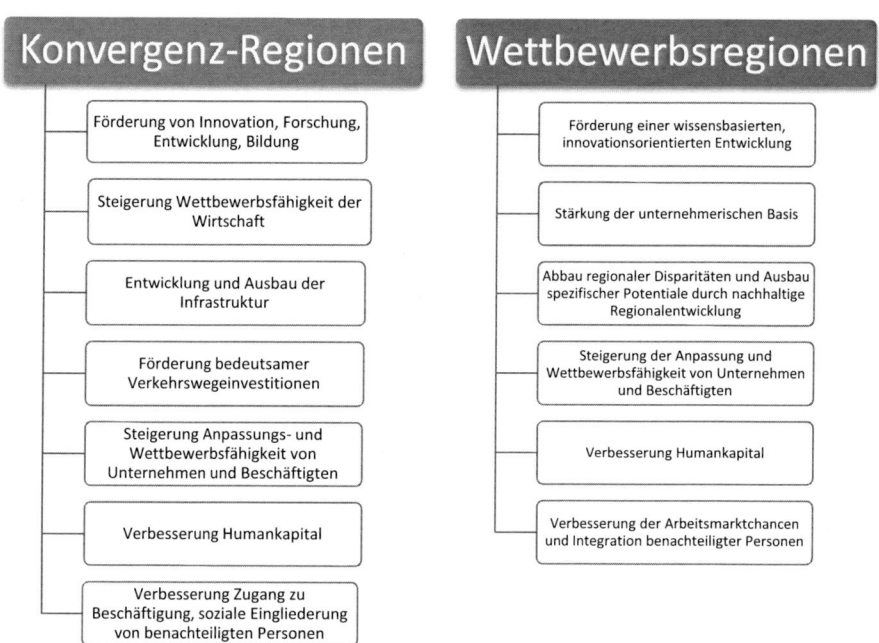

Abb. 3: Förderarten des EFRE in Konvergenzregionen und in Wettbewerbsregionen (RWB)

Im Art. 8 der EFRE-VO sind sowohl für die Konvergenzregionen als auch für die RWB-Regionen mögliche Förderungen im Rahmen der integrierten Stadtentwicklung geregelt. Diese werden auf der Grundlage von partizipativen Strategien gefördert, mit denen der starken Konzentration von wirtschaftlichen, ökologischen und sozialen Problemen in städtischen Gebieten begegnet werden soll. Finanzhilfen durch den EFRE werden als ergänzende Unterstützung vergeben, d.h. die Mitgliedstaaten müssen einen bestimmten Satz (in Deutschland mindestens 25% in Konvergenzregionen und mindestens 50% in RWB-Regionen[43]) als Kofinanzierung durch öffentliche und/oder private Mittel für die geförderte Maßnahme aufbringen.

Der weitere wichtige Fonds der Strukturpolitik neben dem EFRE ist der bereits mit Unterzeichnung der Römischen Verträge[44] 1957 gegründete Europäische Sozialfonds (ESF). Dieser Fonds fördert Maßnahmen zur Vermeidung und Bekämpfung von Arbeitslosigkeit, zur Erweiterung des Ausbildungsangebots und für eine verbesserte Funktionsweise des Arbeitsmarktes. In Zusammenarbeit mit den Mitgliedstaaten unterstützt der ESF Projekte, die einem hohen Beschäftigungsniveau dienen, welche die Gleichberechtigung von Männern

---

[43] Vgl. Anhang III der Verordnung (EG) Nr. 1083/2006.
[44] Vgl. Art. 123 des EWG-Vertrages vom 25.03.1957.

und Frauen fördern und die zu einer nachhaltigen Entwicklung und zu wirtschaftlichem und sozialem Zusammenhalt in der Europäischen Union führen[45]. Der ESF stellt somit finanzielle Mittel bereit, um die europäische Beschäftigungsstrategie in konkrete Aktionen umzusetzen und die beschäftigungspolitischen Maßnahmen der Regierungen der EU-Mitgliedstaaten zu koordinieren.[46]

Grundsätzlich besteht auch für den Europäischen Sozialfonds nach Art. 2 der ESF-VO 1081/2006 die Möglichkeit, beschäftigungsfördernde Maßnahmen räumlich zu verankern bzw. mit benachteiligten Stadtquartieren in Zusammenhang zu bringen. Wie beim EFRE wird auch beim ESF der Einsatz von Fördermitteln in den operationellen Programmen anhand von Zielen bestimmt, die ihrerseits mittels Prioritätsachsen, Handlungsfelder und Fördergegenstände konkretisiert werden. In den operationellen Programmen des ESF der Länder werden im Gegensatz zu den operationellen Programmen des EFRE jedoch keine spezifischen Ziele, Aktionsbereiche oder Handlungsfelder mit einem explizit städtischen Bezug formuliert oder Maßnahmen mit Stadtbezug aufgeführt.[47] Da den jeweiligen Zielen zwar Themen aber keine Budgets zugeordnet werden, kann die Mittelverwendung aus dem ESF in der Städtischen Dimension nicht gemessen werden.[48] Daher bleibt im Folgenden in dieser Arbeit die Betrachtung des ESF in der Städtischen Dimension außer acht.

1.3.1.4. Die Implementation der Strukturfonds EFRE und ESF

Die EU-Strukturfondsprogramme EFRE und ESF werden in drei Stufen aufgestellt. Zunächst verabschiedet der Rat der EU in der ersten Stufe auf Vorschlag der Kommission und mit Zustimmung des Europäischen Parlamentes die Verordnungen zur Durchführung der EU-Strukturförderung[49] und die strategischen Kohäsionsleitlinien der Gemeinschaft.[50]

In der zweiten Stufe formulieren die Mitgliedstaaten ihre nationalen strategischen Rahmenpläne (NSRP). Die Rahmenpläne stellen damit die Verbindung her zwischen den strategischen Vorgaben der Europäischen Union in Form der Lissabon-Strategie und der Europäischen Beschäftigungsstrategie sowie den nationalen Planungen.

In der dritten Stufe werden die operationellen Programme erstellt. In Deutschland erarbeiteten die Bundesländer für die FP 2007—2013 je ein operationelles Programm für den EFRE[51] und je eines für den ESF. Hinzu kamen auf Ebene des Bundes ein EFRE-Programm für Verkehrsinvestitionen und ein ESF-Programm sowie transnationale Programme. Diese Programme sind, so wie auch der NSRP, von der Kommission zu genehmigen.

---

[45] Vgl. VO (EG) Nr. 1081/2006.
[46] Vgl. ebd., Präambel, Art. 2.
[47] Vgl. BMVBS 2010a, S.37.
[48] Vgl. ebd.
[49] Vgl. Verordnung (EG) Nr. 1083/2006.
[50] Vgl. Rat der Europäischen Union: Entscheidung vom 06.10.2006 (2006/702/EG).
[51] Eine Ausnahme bildete Niedersachsen, dort gab es zwei EFRE-OPs, eines für die Region Lüneburg als Konvergenzregion und eines für das restliche Niedersachsen als RWB-Region.

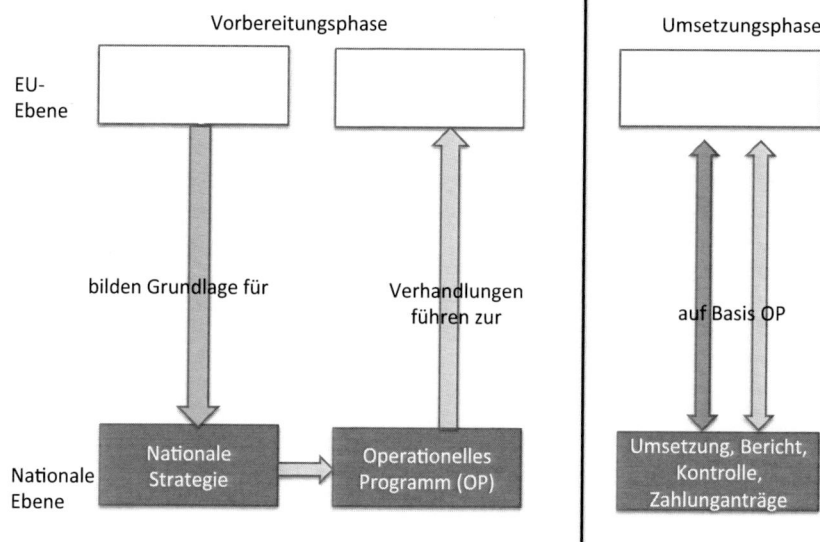

Abb. 4: Verfahren zur Implementation von Strukturfonds[52]

1.3.2. Nationale Ebene—Grundlagen der Städtischen Dimension

1.3.2.1. Nationaler strategischer Rahmenplan

Die Bundesregierung stellt gemeinsam mit den Bundesländern den nach Artikel 27 der Allgemeinen Verordnung Nr. 1083/2006 für die Strukturfonds erforderlichen nationalen strategischen Rahmenplan auf. Er soll die Kohärenz zwischen den Interventionen der Strukturfonds und den Prioritäten der Gemeinschaft mit dem nationalen Reformprogramm sowie den Anstrengungen Deutschlands im Hinblick auf die Erreichung der Lissabon-Ziele sicherstellen.[53] Der NSRP ist gleichzeitig der Bezugsrahmen für die operationellen Programme der Bundesländer.[54] Der deutsche NSRP zeigt auf, wie die Strukturfondsmittel verwendet werden sollen und welche Strategien und Ziele für Deutschland in der Förderperiode prioritär sind. Die Ziele des NSRP gelten in allen Regionen Deutschlands und müssen in den Operationellen Programmen angemessen und bedarfsgerecht Berücksichtigung finden. Um diesen Zielen Rechnung zu tragen, wurden thematische Prioritäten getrennt für Konvergenz-Regionen und für Wettbewerbsfähige Regionen entwickelt.

---

[52] Eigene Darstellung.
[53] Vgl. Zarth 2007, S. 349.
[54] Vgl. NRW EFRE OP, S. 58.

Der NSRP basiert auf zwei Oberzielen „Stärkung der regionalen Wettbewerbsfähigkeit" und „Beschleunigung des Konvergenzprozesses", denen vier strategische und drei Querschnittsziele zugeordnet sind.

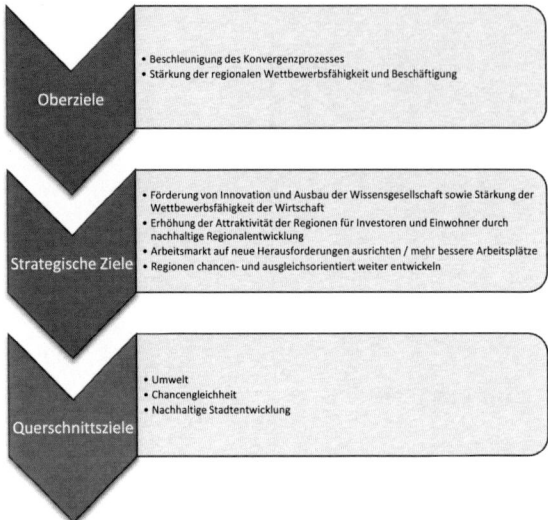

Abb.5 : Zielstruktur des Nationalen Strategischen Rahmenplans[55]

„Um der Wichtigkeit von Städten gerecht zu werden, wurde in den strategischen Zielen des Nationalen Strategischen Rahmenplans die „nachhaltigen Stadtentwicklung" neben „Umwelt" und "Chancengleichheit" als Querschnittsziel verankert."[56] Im NSRP heißt es dazu: „Städte haben innerhalb der dezentralen Siedlungsstruktur Deutschlands eine bedeutende Funktion als regionale Arbeitsmarktzentren und wirtschaftliche Wachstumspole. Ferner sind sie bevorzugte Standorte höherwertiger Forschungs- Bildungs- und Kultureinrichtungen. Allerdings treten in vielen Städten in konzentrierter Weise Probleme in ökonomischer, sozialer und umweltbezogener Hinsicht auf. Diese kommen aber nicht nur in strukturschwachen Städten vor, sondern auch innerhalb wachstumsstarker Zentren oder Metropolräumen. Hauptaufgabe ist es daher, eine wirtschaftliche Basis und eine solidarische Stadtgemeinschaft zu fördern."[57] Das Verankern der „nachhaltigen Stadtentwicklung" als Querschnittsziel im NSRP wurde bereits 2004 durch ein positives Votum des Bundesrates unterstützt, der die vorgesehene Einbeziehung der städtischen Problemgebiete in das Mainstream-Programm nach Artikel 8 des Verordnungsvorschlages anstelle einer Weiterführung der Gemeinschaftsinitiative URBAN befürwortete.[58] Auch der Leitfaden zum städtebaulichen Programm „Stadtumbau West" griff dieses positive Votum mit Blick auf

[55] Eigene Darstellung.
[56] BMWI 2009, S. 201.
[57] Ebd.
[58] Vgl. Bundesrat: Ratsdokument 11606/04, Drucksache 571/04 vom 15.10.2004.

weitere Möglichkeiten zur Bündelung von Stadtumbau- und EU-Mitteln in der neuen Strukturfondsperiode 2007—2013 positiv auf.[59] Der deutsche NSRP wurde am 19.03.2007 verabschiedet.[60]

1.3.2.2. Nationale Reformprogramme

Weitere Instrumente zur Umsetzung der europäischen Strategien sind die Nationalen Reformprogramme (NRP). In diesen Programmen legen die Mitgliedstaaten dar, wie sie die auf europäischer Ebene vereinbarten Ziele und Orientierungen in ihrer nationalen Politik umsetzen. Seit Einführung des Europäischen Semesters 2011 werden die Nationalen Reformprogramme im April eines jeden Jahres zusammen mit den Stabilitäts- und Konvergenzprogrammen vorgelegt, welche nach dem Stabilitäts- und Wachstumspakt zu erstellen sind. Für die Förderperiode 2007—2013 liegen fünf deutsche Nationale Reformprogramme für die Zeiträume 2005—2008, 2008—2010 sowie ab 2011 jährlich vor.

Mit ihren Handlungsansätzen und Zielen verfolgen die NRPs in ihren Schwerpunkten[61] einen wirtschafts- und sozialpolitisch sehr umfassenden Ansatz. Die deutschen NRPs gliedern sich in folgende Teile[62] auf:

- mittelfristiges gesamtwirtschaftliches Szenario
- Transformation der europäischen Kernziele in nationale Ziele
- Gesamtübersicht über wichtige Maßnahmen von Bund und Ländern zur Stärkung von Wachstum und Beschäftigung im Hinblick auf europäische Ziele
- kurze Darstellung der Verwendung von EU-Strukturmitteln.

Die Ziele des Nationalen Reformprogramms fließen in den Nationalen Strategischen Rahmenplan ein, welcher wiederum Einfluss auf die auf Länderebene zu entwickelnden Operationellen Programme[63] nimmt.

---

[59] Vgl. BMUB, S. 26.
[60] Vgl. https://www.yumpu.com/de/document/view/19500279/nationaler-strategischer-rahmenplan-nsrp-gesamtfassung-esf. (09.08.2014).
[61] Diese lauten: Wissensgesellschaft ausbauen, Märkte offen und wettbewerbsfähig gestalten, Rahmenbedingungen für unternehmerische Tätigkeit verbessern, öffentliche Finanzen tragfähig gestalten – nachhaltiges Wachstum sichern – soziale Sicherheit wahren, ökologische Innovation als Wettbewerbsvorteil nutzen, Arbeitsmarkt auf neue Herausforderungen ausrichten – demographischen Veränderungen begegnen.
[62] Vgl. BMWI: NRP 2011, Einleitung http://bmwi.de/DE/Mediathek/publikationen,did=385876.html (09.08.2014).
[63] Vgl. Ziff. 2.2. dieser Arbeit.

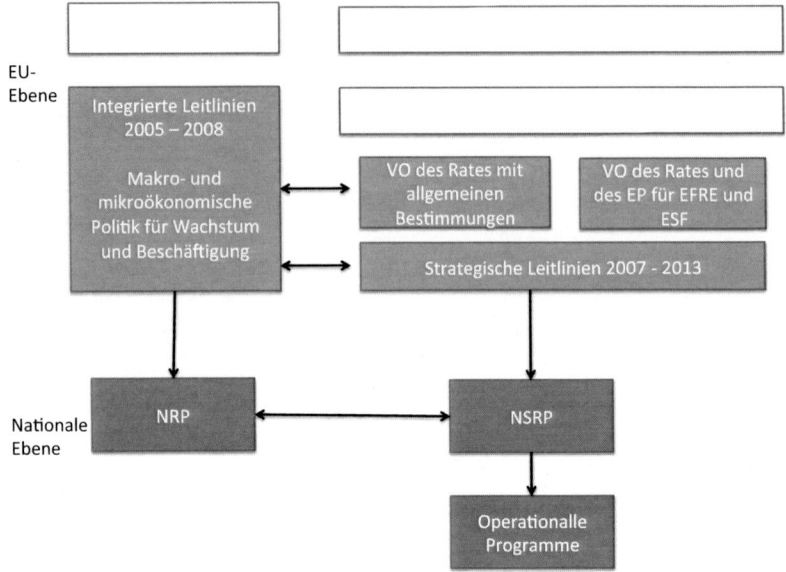

EU-
Ebene

Integrierte Leitlinien
2005 – 2008

Makro- und
mikroökonomische
Politik für Wachstum
und Beschäftigung

VO des Rates mit
allgemeinen
Bestimmungen

VO des Rates und
des EP für EFRE und
ESF

Strategische Leitlinien 2007 - 2013

Nationale
Ebene

NRP

NSRP

Operationalle
Programme

Abb. 6: Einordnung nationaler Strategien in den Europäischen Kontext[64]

1.3.2.3. Städtebauförderung als nationales Programm der städtischen Dimension

Die Städtebauförderung ist ein zentrales Instrument der Stadtentwicklung in Deutschland. Mit dieser Art der Förderung sollen die städtebauliche Erneuerung, also die Erhaltung und Modernisierung von Gebäuden und die Verbesserung des Wohnumfeldes in den Kommunen ermöglicht sowie Innenstädte und Stadtteilzentren revitalisiert werden. „Ohne die finanzielle Unterstützung des Bundes und der Länder könnten die Städte und Gemeinden diese Aufgabe nicht bewältigen."[65]

Rechtsgrundlage für die Hilfen aus der Städtebauförderung ist Art. 104 b GG, wonach der Bund Finanzhilfen für besonders bedeutsame Investitionen der Länder und der Gemeinden (Gemeindeverbände) gewähren kann. Spezialnorm für die Städtebauförderung sind die §§ 164 a und b des BauGB. Diese bestimmen den Zweck der Hilfen und legen fest, dass die Mittel auf Grund einer Verwaltungsvereinbarung zwischen Bund und Ländern, die wiederum einen allgemeinen und sachgerechten Maßstab der Verteilung bestimmt, gewährt werden. Die Verwaltungsvereinbarungen werden seit 1996 jährlich neu abgeschlossen[66] und verteilen die Mittel im Rahmen verschiedener Programmbereiche auf die Bundesländer.

---

[64] Vgl. Zarth 2007, S. 351.
[65] BMVBS 2008 S. 4.
[66] Vgl. Eltges/Walter 2001, S.III.

Die einzelnen Programmbereiche der Städtebauförderung sind:

- Städtebauliche Sanierungs- und Entwicklungsmaßnahmen
- Städtebaulicher Denkmalschutz
- Stadtumbau Ost
- Stadtumbau West
- Soziale Stadt
- Aktive Stadt- und Ortsteilzentren
- Kleinere Städte und Gemeinden

An der Finanzierung der Städtebauförderung beteiligen sich Bund, Länder und Gemeinden gemeinsam. Grundsätzlich beträgt der Anteil des Bundes ein Drittel an der Gesamt-finanzierung. Ausnahmen bilden die Programme Städtebaulicher Denkmalschutz mit einem Bundesanteil von 40% sowie der Stadtumbau Ost, Teilbereich Rückbau mit einem Bundesanteil von 50%[67]. Die Länderanteile sind gleich hoch wie die des Bundes. Der restliche Betrag ist durch die Gemeinden als kommunaler Eigenanteil beizusteuern, wobei die Länder über die finanzielle Verteilung der Mittel zwischen Land und Kommune entscheiden. Teilweise richtet sich die Verteilung nach der Finanzlage der Kommunen.[68]

Die Gemeinden erhalten die Städtebaufördermittel des Bundes und der Länder als Zuschuss. Die einzelnen Eigentümer und Investoren, die in einem anerkannten Sanierungs-oder Entwicklungsgebiet ein förderfähiges Vorhaben durchführen, können wiederum aus diesen Fördermitteln Zuschüsse oder Darlehen erhalten. Finanziert werden aus der Städtebauförderung Maßnahmen zur Erhaltung und Modernisierung von Gebäuden und zur Verbesserung des Wohnumfelds sowie zur Revitalisierung der Innenstädte und Stadtteilzentren.

---

[67] Vgl.
http://www.bbsr.bund.de/BBSR/DE/Stadtentwicklung/Staedtebaufoerderung/GrundlagenZieleFinanzier ung/grundlagen_node.html (09.08.2014).
[68] Vgl. Artikel 2 Abs. 1 und 2 VV Städtebauförderung 2011

2. Empirischer Teil

2.1. Auswahl der Fallstudien

Die zu betrachtenden Bundesländer wurden durch ein Experteninterview mit Rolf Engels, ehemaliger Mitarbeiter im Bundesministerium für Wirtschaft und Technologie sowie im Bundesministerium für Raumordnung, Bauwesen und Städtebau, derzeit freiberuflicher Experte für EU-Strukturfonds, ermittelt. Um eine möglichst große Bandbreite bei der Auswahl der Länder abzudecken, sollten die Aspekte Stadtstaat, Flächenstaat, ostdeutsches Land - westdeutsches Land berücksichtigt werden. Die Auswahl fiel auf Nordrhein-Westfalen, da das Land in der Förderperiode 2007—2013 im Vergleich der westdeutschen Bundesländer über die meisten Mittel aus dem EFRE verfügte und entsprechend hohe Mittel für die Städtische Dimension einsetzte.

Tab. 3: Verteilung der EFRE-Mittel auf die deutschen Bundesländer im Basisjahr 2007 in Mio. € [69]

Konvergenzregionen	-	RWB-Regionen	-
Brandenburg	1.498,73	Baden-Württemberg	143,40
Bezirk Lüneburg / Niedersachsen	589,00	Bayern	575,90
Mecklenburg-Vorpommern	1.252,43	Berlin	875,59
Sachsen	3.091,10	Bremen	142,01
Sachsen-Anhalt	1.931,79	Hamburg	35,27
Thüringen	1.477,69	Hessen	263,45
		Niedersachsen ohne Lüneburg	638,77
		Nordrhein-Westfalen	1.283,43
		Rheinland-Pfalz	217,61
		Saarland	197,51
		Schleswig-Holstein	373,89

Von den Stadtstaaten wurde Bremen ausgewählt, da Berlin wegen der Teilung der Stadt, den daraus folgenden unterschiedlichen städtebaulichen Strukturen sowie der stärkeren EFRE-Förderintensität im Ostteil der Stadt (bis zum Jahr 2000) nicht einheitlich betrachtet werden kann. Der Stadtstaat Bremen zeigte in der auslaufenden Förderperiode auf der Basis des vielfach höheren EFRE-Gesamtbudgets gegenüber Hamburg das weit größere Engagement in der städtischen Dimension des EFRE. Von den ostdeutschen Ländern wurde Sachsen wegen seines ebenfalls sehr hohen Engagements in der Städtischen Dimension des EFRE ausgewählt.

---

[69] Vgl. Deutscher Verband 2008, S. 22.

Tab. 4: Vergleich der Bundesländer HB, NRW und SN auf Basis der operationellen Programme in der FP 2007—2013[70]

Land	EW[71]	Fläche[72]	EFRE-Budget in Mio. €[73]	Prioritäts-achse Mio. €[74]	Spezifisches Handlungsfeld SD Mio. € Stand Januar 2014[75]	Anteil Handlungsfeld am EFRE-Budget (ca.)
Bremen	654.774	419,24 qkm	142	45	14,2	10%
Nordrhein-Westfalen	17.554.329	34.109,70 qkm	1.280	391,3	123,5[76]	9,7%
Sachsen	4.050.204	18.420,01 qkm	3.091	571,4	109,5[77]	3,54%

2.1.1. Verwaltungsaufbau und Zuständigkeiten für die Strukturfonds

Die Verordnung mit allgemeinen Bestimmungen über den EFRE, den ESF und den Kohäsionsfonds (KF) Nr. 1083/2006 regelt den Aufbau der Verwaltungs- und Kontrollsysteme für die Fonds in ihren Artikeln 85 ff. In den einzelnen Mitgliedsstaaten sind jeweils für die einzelnen operationellen Programme eine Verwaltungsbehörde, eine Bescheinigungsbehörde und eine Prüfbehörde zu bestimmen.[78] Hinzukommen ein Begleitausschuss sowie zwischengeschaltete Stellen, die einige oder sämtliche Aufgaben der Verwaltungs- oder Bescheinigungsbehörden übernehmen können.[79]

Die Verwaltungsbehörden verwalten die operationellen Programme im Einklang mit dem Grundsatz der wirtschaftlichen Haushaltsführung.[80] Hierbei stellen sie sicher, dass die zu finanzierenden Vorhaben nach den für die operationellen Programme geltenden Kriterien

---

[70] Eigene Darstellung.
[71] Stand 31.12.2012 Vgl. http://www.statistik-portal.de/statistik-portal/de_jb01_jahrtab1.asp (09.08.2014).
[72] Vgl. ebd.
[73] Vgl. Deutscher Verband 2008, S. 39.
[74] Ebd.
[75] Angaben der Ministerien aus den Interviews, Zahlen gerundet.
[76] Handlungsfeld „Integrierte Entwicklung städtischer Problemgebiete".
[77] Handlungsfeld „Integrierte Stadtentwicklung".
[78] Vgl. VO (EG) Nr. 1083/2006, Art. 59, Abs. 1.
[79] Vgl. ebd., Abs. 2.
[80] Vgl. ebd., Art. 60.

ausgewählt werden und diese den geltenden Rechtsvorschriften entsprechen.[81] Hierzu gehört u.a. die elektronische Erfassung und Aufzeichnung von prüfbaren Buchführungsdaten. Die Daten müssen anhand eines nachvollziehbaren Prüfpfades prüfbar sein.[82] Die Behörden haben außerdem die Aufgabe, den Begleitausschuss zu beraten und ihm die notwendigen Unterlagen zu übermitteln[83] sowie den jährlichen und den abschließenden Durchführungsbericht zu erstellen.[84] Sie sind darüberhinaus dafür verantwortlich, dass die Informations- und Publizitätsverpflichtungen gem. Art. 69 der VO Nr. 1083/2006 eingehalten werden.[85]

Die Aufgaben der Bescheinigungsbehörden bestehen im Wesentlichen darin, die bescheinigten Ausgabenerklärungen und Zahlungsanforderungen für die Kommission zu erstellen.[86] Die Behörden bescheinigen, dass die Ausgabeerklärungen wahrheitsgetreu sind und sich auf zuverlässige Buchungsverfahren und nachprüfbare Belege stützen und weiter, dass die Ausgaben aufgrund geltender Rechtsvorschriften getätigt wurden.[87] Sie haben außerdem sicherzustellen, dass hinreichende Angaben der Verwaltungsbehörden zu den Verfahren und zu den Überprüfungen vorliegen[88] und dass die Ergebnisse der Prüfbehörden Berücksichtigung finden.[89]

Die Prüfbehörden gewährleisten, dass die Verwaltungs- und Kontrollsysteme für die jeweiligen operationellen Programme effektiv funktionieren und stellen sicher, dass geeignete Stichproben genommen werden, damit die geltend gemachten Ausgaben überprüft werden können. Sie legen der Kommission zu diesem Zweck Prüfstrategien vor.[90] Ferner erstellen sie jährliche Kontrollberichte aus denen u.a. hervorgeht, ob die Verwaltungs- und Kontrollsysteme wirksam funktionieren.[91]

Im Einvernehmen mit den Verwaltungsbehörden wird für jedes OP ein Begleitausschuss eingesetzt.[92] Diese vergewissern sich, dass die operationellen Programme effektiv und ordnungsgemäß durchgeführt werden. Zu diesem Zweck prüfen sie die Kriterien für die Auswahl der zu fördernden Vorhaben, die Ergebnisse der durchgeführten Vorhaben und auch inwieweit mit den Vorhaben die für jede Prioritätenachse festgelegten Ziele erreicht wurden.[93] Eine Übersicht der für die Strukturfonds zuständigen Stellen in Bremen, Nordrhein-Westfalen und Sachsen ist dieser Arbeit als Anlage I beigefügt.

---

[81] Vgl. VO (EG) Nr. 1083/2006, Art. 60, lit. a).
[82] Vgl. ebd., lit. c) und f).
[83] Vgl. ebd., lit. h).
[84] Vgl. ebd., lit. i).
[85] Vgl. ebd., lit. j).
[86] Vgl. ebd., Art. 61, lit. a).
[87] Vgl. ebd., lit. b).
[88] Vgl. ebd., lit. c).
[89] Vgl. ebd., lit. d).
[90] Vgl. ebd., Art. 62, Abs. 1, lit a), b) u. c).
[91] Vgl. ebd., lit. d).
[92] Vgl. ebd., Art. 63, Abs. 1.
[93] Vgl. ebd., Art. 65.

2.2. Verankerung der Städtischen Dimension in den operationellen Programmen zur EFRE-Strukturfonds-förderung

2.2.1. Bremen

Die Europäische Kommission hat am 5. Juli 2007 das „Operationelle Programm EFRE Bremen 2007—2013"[94] genehmigt. Im Rahmen dieses Programmes ist eine Unterstützung für das Land Bremen mit insgesamt rund 322 Millionen € vorgesehen, die gemeinschaftliche Unterstützung durch den EFRE beläuft sich dabei auf 142 Millionen € (dies entspricht ca. 0,54 % der EU-Strukturfondsmittel insgesamt, wie im deutschen NSRP für 2007—2013 festgelegt).[95]

Der Aufbau des Bremer Zielsystems im EFRE-OP weist neben dem Globalziel „Verbesserung der regionalen Wettbewerbsfähigkeit" und den spezifischen Zielen auch weitere Zwischenziele aus. Eines der beiden Zwischenziele „Wettbewerbsfähige Stadtstrukturen ausbauen und sichern" nimmt das Thema städtische Entwicklung auf. Das Thema wird weiter in den spezifischen Zielen „Funktionsfähigkeit der Stadtteile stärken", „Integration von Technologiestandorten in die stadträumliche Funktion" und „Profilierung der Stadtstrukturen" konkretisiert. So findet eine Bündelung der Ziele und der Prioritäten statt. Das Zielsystem zeigt die Bedeutsamkeit der Thematik Stadtentwicklung auf, denn das Bundesland setzt als Zwei-Städte-Land die Programmmittel ausschließlich in städtischen Gebieten ein.

---

[94] Vgl. Bremen EFRE OP: http://www.efre-bremen.de/detail.php?gsid=bremen59.c.2315.de (09.08.2014).
[95] Vgl. http://ec.europa.eu/regional_policy/country/prordn/details_new.cfm?gv_PER=2&gv_PAY=DE&gv_reg =ALL&gv_PGM=1090&LAN=4&gv_defL=9 (09.08.2014).

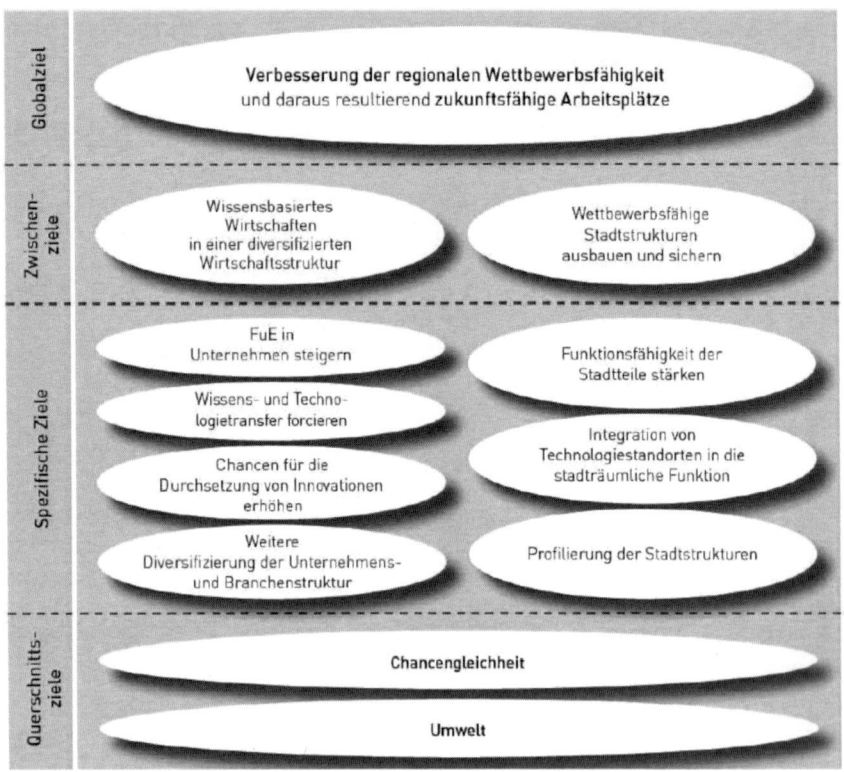

Abb. 7: Zielsystem EFRE Bremen[96]

Mit dem EFRE-OP werden die Aufgaben Bremens und Bremerhavens als regionale Arbeitsmarktzentren und Wachstumspole hervorgehoben. Dabei wird jedoch festgestellt, dass eine nachhaltige Wirtschaftskraft der Städte dann nicht erreicht werden kann, wenn nur einige Stadtteile wirtschaftlich prosperieren, während andere durch Mängel funktionaler oder baulicher Art den Anschluss an sich verändernde Rahmenbedingungen verlieren. „Die Beseitigung der entwicklungshemmenden Defizite und die gezielte Förderung der Stärken sind daher eine Vorbedingung für eine stabile städtische Gesellschaft, um eine oberzentrale Funktion als Beitrag für Wachstum und Beschäftigung in der jeweiligen Gesamtregion zu erfüllen."[97]

In der Prioritätsachse 2 „Städtische Lebens- und Wirtschaftsräume aktivieren" (siehe Abb. 8) wird im OP betont die Stadtstruktur des Bundeslandes Bremens aufgegriffen, um die Attraktivität der Städte Bremen und Bremerhaven zu erhöhen und die wirtschaftliche

---

[96] Bremen EFRE OP, S. 48.
[97] Ebd., S. 30.

Leistungsfähigkeit zu steigern. Ziele der Interventionen über den EFRE sind die Entwicklung von Stadtteilzentren und Quartieren sowie die Revitalisierung von Gewerbestandorten neben der Entwicklung von städtischen Wirtschaftsräumen mit besonderen Potenzialen und der Profilierung der Städte Bremen und Bremerhaven.

Das operationelle Programm enthält bereits einen Hinweis auf die mögliche und wünschenswerte Bündelung verschiedener Programme (z.b. auch mit der Städtebau-förderung) mit dem EFRE: „Um größtmögliche Synergien zu erzielen, sollen die Mittel vorrangig dort eingesetzt werden, wo bereits erprobte Programme und Maßnahmen existieren und auf funktionierende Akteursnetzwerke und/oder bewährte Partizipations- und Organisationsformen zurückgegriffen werden kann."[98]

Die Städtische Dimension hat im Zielsystem Bremens über die Prioritätsachse 2 einen Querschnittscharakter, da die geförderten Projekte aufgrund der vergleichsweise kleinen Fördergebietskulisse ineinander greifen. In ihrer Gesamtheit, so die Vorhersage im Programm, werden die Interventionsansätze zur Erhaltung der Vitalität der Quartiere und Stadtviertel und zur Verbesserung der wirtschaftlichen und sozialen Situation ihrer Bewohnerinnen und Bewohner beitragen.[99]

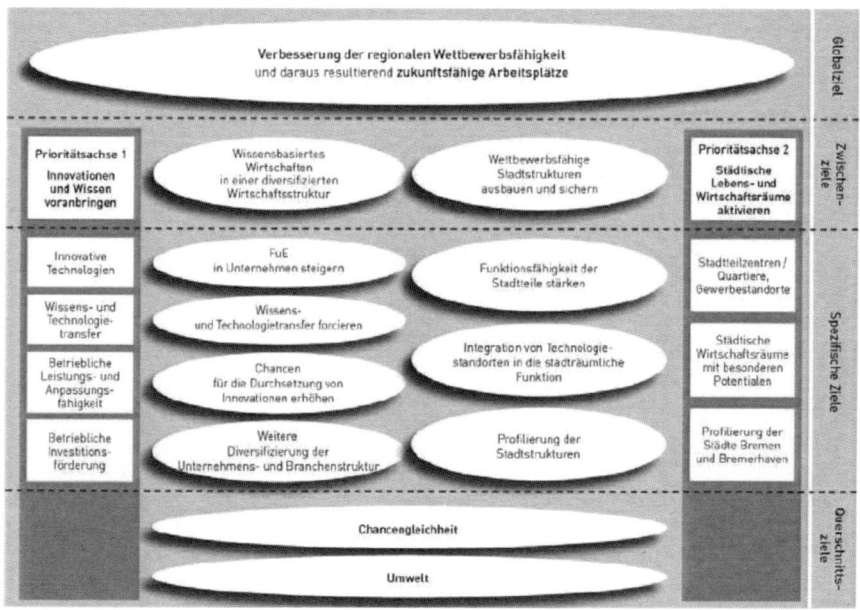

Abb. 8: Zielsystem EFRE Bremen mit Zielkategorien[100]

[98] Bremen EFRE OP, S. 70.
[99] Vgl. ebd., S. 71.
[100] Ebd., S. 62.

2.2.2. Nordrhein-Westfalen

Am 19. Juli 2007 genehmigte die Europäische Kommission das „Operationelle Programm (EFRE) Nordrhein-Westfalen 2007—2013"[101]. Das Programm sieht eine Unterstützung für das Bundesland mit insgesamt mit rund 2,57 Mrd. € vor, wobei sich die gemeinschaftliche Unterstützung durch den EFRE auf 1,28 Mrd. € belief (dies entspricht etwa 5 % des Gesamtbetrags der im Rahmen der Kohäsionspolitik 2007—2013 in Deutschland investierten EU-Mittel).[102]

Die Programmstruktur Nordrhein-Westfalens besteht aus Ober- und Hauptzielen sowie strategischen Zielen und Querschnittszielen, die ihrerseits in drei Prioritätsachsen münden. In der 3. Prioritätsachse findet sich die Städtische Dimension, aufgeteilt in den Maßnahmen-bereich „nachhaltige Stadtentwicklung", d.h. die integrierte Entwicklung städtischer Problemgebiete und den Maßnahmenbereich „Regionalentwicklung", welcher die Beseitigung von Entwicklungsengpässen in industriell geprägten Räumen zum Ziel hat. Die Ausgestaltung der Priorität „Nachhaltige Stadt- und Regionalentwicklung" baut bewusst auf die Erfahrungen des Landes mit den URBAN-Programmen auf. Betont wird der Acquis-URBAN mit seinen Elementen des gebietsbezogenen, integrierten und sektorübergreifenden Herangehens und seinen partizipativen und partnerschaftlichen Ansätzen (Bottom-up).[103]

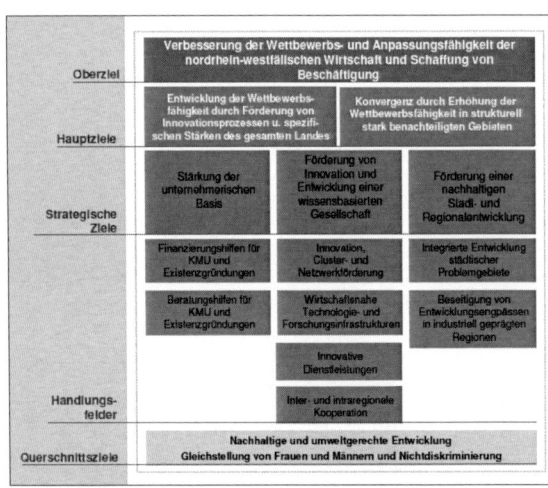

Abb. 9: Zielsystem EFRE Nordrhein-Westfalen[104]

---

[101] Vgl. NRW EFRE OP: http://www.efre.nrw.de/1_Ziel2-Programm/3_1_Programmtexte/index.php (09.08.2014).
[102] Vgl.
http://ec.europa.eu/regional_policy/country/prordn/details_new.cfm?gv_PER=2&gv_PAY=DE&gv_reg
=ALL&gv_PGM=1091&gv_defL=9&LAN=4 (09.08.2014).
[103] Vgl. NRW EFRE OP, S. 149.
[104] Ebd., S. 71.

Zentrales Ziel der Förderung der nachhaltigen städtischen Entwicklung soll sein, sich selbst tragende Strukturen zu entwickeln und Bürger und private Akteure in die Entwicklung einzubeziehen. „Das Entwicklungspotenzial, das die Städte-Landschaft Nordrhein-Westfalens bietet, kann insbesondere dann genutzt werden, wenn es gelingt, die regionale und interkommunale Zusammenarbeit weiter zu verbessern und entsprechende Initiativen, Handlungskonzepte und strategische Partnerschaften zu fördern."[105] Es sind für folgende Handlungsfelder Unterstützungsangebote für die Städte und Regionen vorgesehen:

- Förderung Lokaler Ökonomien (hier werden die Handlungsfelder „lokale Wirtschaftsförderung", Beschäftigungsförderung und Qualifizierung/Ausbildung sowie „soziale Ökonomie" in einem sozialraumbezogenen Ansatz verbunden),

- Soziale und ethnische Integration,

- Stadtteilmanagement/Imageverbesserung,

- neue Urbanität/Stadterneuerung/Gestaltung des öffentlichen Raumes und des Wohnumfeldes,

- Umweltentlastung (Integrierte Handlungskonzepte zur Verbesserung der Umweltsituation, Infrastrukturinvestitionen und Maßnahmen zur Emissions- und Immissionsminderung),

- Internationaler Austausch in Netzwerken, z.B. zur Entwicklung von Best-Practice-Ansätzen und Pilotprojekten,

Alle Projekte sollen unter der besonderen Berücksichtigung von gleichstellungspolitischen Zielen und den Herausforderungen des demografischen Wandels   gefördert werden.[106]

Im operationellen Programm wird der Städtischen Dimension explizit ein wichtiger Stellenwert beigemessen.[107] Die Städte werden in landesweiten Aufrufen dazu ermuntert, sich mit integrierten Handlungskonzepten für ihre benachteiligten Stadtteile um eine Förderung zu bewerben. Für die Stadtgebiete, die bereits in das Programm "Soziale Stadt" bzw. URBAN II aufgenommen sind, können sich die Städte mit Statusberichten zum Stand der bestehenden integrierten Handlungskonzepte um eine Förderung aus dem EFRE bewerben. Die Auswahl der Stadtteile wird von den Kommunen in aller Regel anhand eines stadtweiten Vergleichs sozial-statistischer Problemindikatoren getroffen. Als landesweit einheitliche Grundlage dient ein Katalog von statistischen Kontextindikatoren, anhand derer die Entwicklung von Stadtteilen im kommunalen und landesweiten Vergleich beschreibbar ist.

---

[105] NRW EFRE-OP, S. 76.
[106] Vgl. ebd., S. 150 f.
[107] Vgl. ebd., S. 55.

Wesentliche dieser Indikatoren sind:

- die Arbeitslosenquote,

- der Anteil der Sozialhilfeempfänger,

- der Anteil an Kindern und Jugendlichen,

- der Anteil an Bewohnern mit Migrationshintergrund,

- Mängel in der städtebaulichen Situation und Umweltsituation oder

- unterdurchschnittliche Wohnungsqualität.

Der Finanzplan des OP NRW sieht vor, dass die dritte Prioritätsachse 30% der Mittel erhält. Als Begründung wird hierzu ausgeführt, dass diese Prioritätsachse vor allem dem Ziel der Konvergenz dient und die strukturschwachen Regionen mit mindestens 50% am Programm partizipieren sollten. Es werde jedoch von den strukturschwachen Regionen erwartet, dass sie die fehlenden 20%-Punkte in den anderen Prioritätsachsen im landesweiten Wettbewerb um die besten Vorhaben akquirieren. Damit werden die Anreize verstärkt, besonders innovative, beschäftigungs- und strukturpolitisch wirksame Projekte zu entwickeln und zu realisieren.[108]

2.2.3. Sachsen

Die Europäische Kommission genehmigte Sachsen am 5. Juli 2007 das regionale Entwicklungsprogramm „Operationelles Programm des Freistaats Sachsen für den Europäischen Fonds für regionale Entwicklung (EFRE) in der Förderperiode 2007—2013"[109]. Dieses Programm enthielt eine Unterstützung für das Bundesland in Höhe von ca. 4.124 Mio. €, die Beteiligung aus dem EFRE betrug ca. 3.091 Mio. € (ungefähr 11,74 % der gesamten EU-Mittel, die in Deutschland im Rahmen der Kohäsionspolitik 2007—2013 eingesetzt wurden).[110]

Das operationelle Programm Sachsens besteht aus fünf spezifischen Zielen, die in fünf gleichnamige Prioritätsachsen münden. Es gibt mit der „nachhaltigen Entwicklung durch Verbesserung der Voraussetzungen für ein umweltverträgliches Wirtschafts- und Beschäftigungswachstum" ein Oberziel sowie die zwei Querschnittsziele „Nachhaltigkeit" und „Chancengleichheit".

---

[108] Vgl. NRW EFRE OP, S. 164.
[109] Vgl. EFRE OP Sachsen: http://www.strukturfonds.sachsen.de/256.html#article505 (09.08.2014).
[110] Vgl.
http://ec.europa.eu/regional_policy/country/prordn/details_new.cfm?gv_PER=2&gv_PAY=DE&gv_reg
=ALL&gv_PGM=1095&gv_defL=9&LAN=4 (09.08.2014).

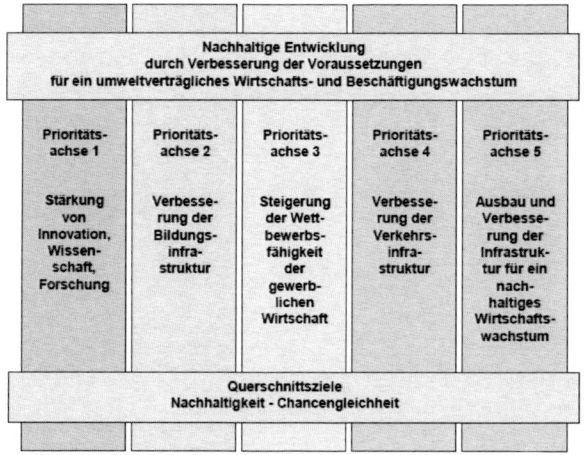

Abb. 10: Zielsystem EFRE Sachsen[111]

Der nachhaltigen Stadtentwicklung wurde keine eigene Priorität und auch keines der Querschnittsziele zugeordnet. Sie findet sich jedoch als zentrales Handlungsfeld in Prioritätsachse 5 „Ausbau und Verbesserung der Infrastruktur für ein nachhaltiges Wirtschaftswachstum" wieder (siehe Abb. 11).

„Zur Schaffung von Voraussetzungen für die wirtschaftliche Entwicklung sind vornehmlich Aktivitäten vorgesehen, die im Zusammenhang mit der Bereitstellung und Verbesserung der klassischen Infrastrukturen (Verkehr, Umweltstandards, Hochwasserschutz und Flächenmanagement) stehen. Neben dieser eher sektoralen Orientierung wird ein räumlicher Schwerpunkt auf die Stadtentwicklung gelegt, die mit integrierten Handlungskonzepten ein breites Förderspektrum im ökonomischen, ökologischen und sozialen Bereich abdeckt."[112]

„Im Rahmen der nachhaltigen Stadtentwicklung richtet sich das Förderangebot an benachteiligte Stadtgebiete, die auf Grundlage eines integrierten, gebietsbezogenen Handlungskonzeptes Strategien zur Bekämpfung wirtschaftlicher, sozialer und ökologischer Problemlagen entwickeln und umsetzen." In diesen Bereichen werden sowohl Prozessmanagement und Konzepte als auch städtebauliche Maßnahmen und Unternehmertum gefördert. Ein besonderer Fokus wird auf die Revitalisierung von brachgefallenen Arealen in Innenstädten bzw. innenstadtnahen Gebieten gelegt.[113]

---

[111] Sachsen EFRE OP, S. 174.
[112] Ebd., S. 54.
[113] Ebd., S. 54f.

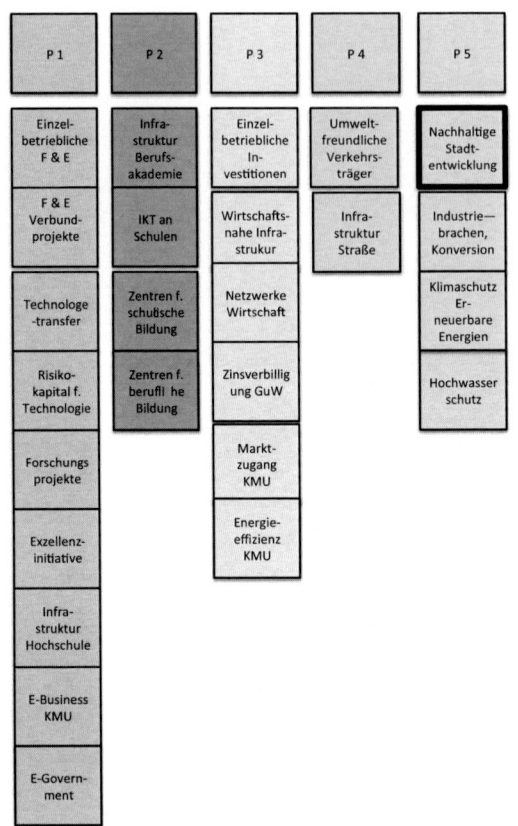

P 1	P 2	P 3	P 4	P 5
Einzel-betriebliche F & E	Infra-struktur Berufs-akademie	Einzel-betriebliche In-vestitionen	Umwelt-freundliche Verkehrs-träger	Nachhaltige Stadt-entwicklung
F & E Verbund-projekte	IKT an Schulen	Wirtschafts-nahe Infra-strukur	Infra-struktur Straße	Industrie—brachen, Konversion
Technologe-transfer	Zentren f. schulische Bildung	Netzwerke Wirtschaft		Klimaschutz Er-neuerbare Energien
Risiko-kapital f. Technologie	Zentren f. berufli he Bildung	Zinsverbillig ung GuW		Hochwasser schutz
Forschungs projekte		Markt-zugang KMU		
Exzellenz-initiative		Energie-effizienz KMU		
Infra-struktur Hochschule				
E-Business KMU				
E-Govern-ment				

Abb. 11: Inhaltliche Umsetzung der Prioritätsachsen in Sachsen[114]

Mit diesen Vorhaben sollen die Attraktivität des Wohnumfeldes und das Angebot an sozialen, kulturellen und freizeitbezogenen Einrichtungen erhöht werden. Hierdurch werden verbesserte Rahmenbedingungen für die Förderung der gewerblichen Wirtschaft erwartet. Betont wird auch eine territoriale Dimension und die damit einhergehenden sektor-übergreifenden Wirkungen, die sich in ausgewählten Stadträumen bündeln. Die Entwicklung der Städte wird als maßgeblich für die Herstellung einer wirtschaftlichen Dynamik angesehen, welche letztlich einen Beitrag zur Schaffung von Arbeitsplätzen leistet.[115] „Eine moderne, regionale, städtische und umweltbezogene Infrastruktur stellt einen wesentlichen

---

[114] Vgl. EFRE OP Sachsen, S. 173.
[115] Vgl. ebd., S. 55.

36

Einflussfaktor für die Leistungsfähigkeit eines Wirtschaftsstandortes dar und bestimmt wesentlich die Attraktivität einer Region."[116]

Die sächsischen Kommunen werden über eine öffentliche Ausschreibung aufgefordert, ihre integrierten Handlungsvorschläge und Programme zur Quartiersentwicklung vorzulegen, welche die besondere Benachteiligung der ausgewählten Stadtquartiere aufzeigen und einen Handlungsrahmen zur Entwicklung der Gebiete vorstellen.[117] „Gefördert werden soll die Entwicklung und Umsetzung baulicher, infrastruktureller, energetischer und bildungsorientierter Strategien und Maßnahmen zur Bekämpfung städtebaulicher, demografischer, wirtschaftlicher, ökologischer, kultureller und sozialer Problemlagen in städtischen Gebieten im Rahmen eines integrierten Handlungskonzeptes gemäß Art. 8 der Verordnung 1080/2006."[118]

2.3. Regelungen zur Städtebauförderung

Die Förderung des Städtebaues in Deutschland, die Städtebauförderung wurde erstmals – zunächst in Modellstädten (1969) — und dann bundesweit als Rechts- und Fördersystem mit dem Inkrafttreten des Städtebauförderungsgesetzes am 19. Juni 1971 eingeführt . Sie ist seit Einführung des Baugesetzbuches zum 01.07.1987 als besonderes Städtebaurecht im Zweiten Kapitel des Bundesbaugesetzbuches (BauGB) geregelt und hat das Bild der Städte und Gemeinden in Deutschland wesentlich mitgeprägt. „Das Städtebauförderungsgesetz hat die Grundlage geschaffen für eine systematische, organisatorische und rechtlich geordnete Erneuerung und Entwicklung der Städte und Gemeinden."[119] „Bei den Programmen der Städtebauförderung tragen im Regelfall Bund, Länder und Kommunen jeweils ein Drittel der förderfähigen Kosten. Einige Bundesländer weichen in ihren Richtlinien jedoch davon ab und sehen einen verminderten Regelfördersatz von 60 % für die Kommunen vor."[120]

Unter städtebaulichen Sanierungsmaßnahmen sind Maßnahmen zu verstehen, durch die ein Gebiet zur Behebung städtebaulicher Missstände wesentlich verbessert oder umgestaltet wird. Städtebauliche Missstände liegen vor, wenn das Gebiet nach seiner vorhandenen Bebauung oder nach seiner sonstigen Beschaffenheit den allgemeinen Anforderungen an gesunde Wohn- und Arbeitsverhältnisse oder an die Sicherheit der in ihm wohnenden oder arbeitenden Menschen auch unter Berücksichtigung der Belange des Klimaschutzes und der Klimaanpassung nicht entspricht oder das Gebiet in der Erfüllung solcher Aufgaben erheblich beeinträchtigt ist, die ihm nach seiner Lage und Funktion obliegen.[121]

In Anlage II dieser Arbeit sind die den Ländern Bremen, Nordrhein-Westfalen und Sachsen gewährten Städtebauförderungsmittel des Bundes in den Jahren 2007—2013 dargestellt.

---

[116] EFRE OP Sachsen, S. 163.
[117] Vgl. ebd., S. 264.
[118] Ebd.
[119] Walter 1997, S. 293.
[120] Spars/Jacob/Müller 2011, S. 31.
[121] Vgl. § 136 Abs. 2 BauGB.

Hieraus ergibt sich, dass die Städtebaufördermittel für Sachsen mit 501.635.000 € fast genauso hoch waren wie die für Nordrhein-Westfalen mit 515.920.000 €, obwohl das Land NRW über die rund 4,5-fache Einwohnerzahl und fast die doppelte Fläche Sachsens verfügt.[122] Bremen erhielt schon wegen seiner geringeren Einwohnerzahl auch einen im Vergleich zu den beiden anderen Ländern relativ geringeren Betrag an Städtebauförderungsmitteln.

2.3.1. Bremen

In Bremen beschließt der Senat auf Grundlage der VV-Städtebauförderung jährlich über das Landesprogramm Städtebauförderung Bremen. Mit diesem Programm werden die dem Land Bremen zugewiesenen Mittel aus der Städtebauförderung auf die einzelnen Projekte und Maßnahmen verteilt. Bremen konnte in den Jahren 2007—2013 über einen Betrag von 20.456.000 €[123] an Städtebauförderungsmitteln verfügen.

Die Stadt Bremen setzt für die Stadtbereiche mit städtebaulichen Problemen u.a. das Allgemeine Städtebauförderungsprogramm und das Programm Stadtumbau West ein. In Bremerhaven wurde außerdem das Programm Aktive Stadt- und Ortsteile genutzt.

2.3.2. Nordrhein-Westfalen

Auf der Grundlage der VV-Städtebauförderung regelt die Förderrichtlinie des Landes NRW[124] die Förderfähigkeit von Maßnahmen und Vorhaben, Förderschwerpunkte und die näheren Auswahlkriterien. Die Verwaltungsvereinbarung und die Förderrichtlinie steuern so die programmatische Zielsetzung. Die Gemeinden sind im Rahmen ihrer Planungshoheit für die Vorbereitung und Durchführung der städtebaulichen Maßnahmen zuständig. Haushaltsrechtliche Grundsätze zur Bewilligung und Bewirtschaftung der Fördermittel ergeben sich aus §§ 23 und 44 LHO.[125]

Die Richtlinie über die Gewährung von Zuwendungen zur Förderung von Maßnahmen zur Stadtentwicklung und Stadterneuerung (Förderrichtlinien Stadterneuerung 2008) setzt fest, dass angesichts der Bedeutung der nachhaltigen städtebaulichen Entwicklung zur Regionalentwicklung die Stadterneuerung in der FP 2007—2013 stärker begünstigt werden soll.[126] „Bei der Programmaufstellung hat für das Land die Förderung von integrativen Gesamtmaßnahmen vorrangige Bedeutung, bei denen sich die Gemeinden auf Handlungsräume der Regionen mit interkommunalen Strategien, der Innenstädte und

---

[122] Vgl. Tabelle Nr. 4.
[123] Vgl. Anlage II.
[124] Vgl. NRW, Ministerium für Wirtschaft, Energie, Industrie, Mittelstand und Handwerk: http://www.efre.nrw.de/1_Ziel2-Programm/3_Foerdergrundlagen/2_Foerderrichtlinien_des_Landes/ (09.08.2014).
[125] NRW, Finanzministerium: http://www.fm.nrw.de/allgemein_fa/steuerzahler/gesetze/landesrecht/lho/index.php (09.08.2014).
[126] Vgl. BMWI Förderrichtlinien Stadterneuerung 2008 Ziff. 1, Abs. 1 http://www.foerderdatenbank.de/Foerder-DB/Navigation/Foerderrecherche/suche.html?get=views;document&doc=7319&typ=RL (09.08.2014).

Ortsteilzentren mit Leerstandsproblemen einschließlich der Neunutzung innenstadtnaher Brachflächen sowie Stadtteile mit sozialen und strukturellen Problemen konzentrieren."[127]

Der Regelfördersatz wurde in NRW 2008 mit der Förderrichtlinie auf 60% gesenkt[128] und mit Zu- und Abschlägen zum Strukturausgleich verbunden. Die Kommunen erhalten danach einen an ihre Leistungsfähigkeit angepassten Fördersatz zwischen 40 und 80%. Die individuellen Eigenanteile werden anhand der Kriterien Haushaltslage und Arbeitslosenquote jährlich neu bestimmt.

Laut Fördersatzerlass zur Städtebauförderung 2008 wird der Regelfördersatz um je 10% aufgestockt, wenn die städtebauliche Maßnahme in einer Gemeinde durchgeführt wird, deren Haushalt nicht ausgeglichen ist und daher ein Haushaltssicherungskonzept erstellt wird und/oder die Arbeitslosenquote dieser Gemeinde überdurchschnittlich vom Mittelwert abweicht. Bei finanzstarken Gemeinden -als solche gelten diejenigen, die in den vorangegangenen drei Jahren mindestens zwei Jahre keine Schlüsselzuweisungen erhalten haben- wird ein Abschlag von 10% auf die Regelförderquote eingerechnet.[129]

Der Fördersatzerlass regelt explizit die kommunale Mitfinanzierung von Maßnahmen aus der EFRE-Förderung und stellt fest, dass die Finanzhilfen des Bundes (max. ein Drittel) und des Landes sich aus den durch die EFRE-Mittel nicht finanzierten zuwendungsfähigen Ausgaben errechnen. Damit ist an dieser Stelle bereits ein Hinweis auf die Kombination der Förderungen enthalten.

Eine Besonderheit in Nordrhein-Westfalen ist die Regelung zu Ausnahmen von der Erbringung des kommunalen Eigenanteils nach § 28 Abs. 3 des Haushaltsgesetztes NRW[130]. Diese Regelung geht abweichenden Bestimmungen bezüglich der Erbringung des kommunalen Eigenanteils in den Förderrichtlinien vor. Hiernach kann der Förderrahmen bis zu 90 % der zuwendungsfähigen Ausgaben betragen. Diese Regelung gilt ausschließlich für Kommunen ohne ausgeglichenen Haushalt und ohne genehmigtes Haushaltssicherungs-konzept (Nothaushaltskommunen einschließlich überschuldeter Kommunen), für Kommunen ohne ausgeglichenen Haushalt mit genehmigtem Haushaltssicherungskonzept und für Kommunen, die Konsolidierungshilfen nach dem Stärkungspaktgesetz erhalten, unter anderem im investiven Förderbereich der Städtebauförderung – Unterpunkt Soziale Stadt.

---

[127] BMWI Förderrichtlinien Stadterneuerung 2008 Ziff. 1, Abs. 3
http://www.foerderdatenbank.de/Foerder-
DB/Navigation/Foerderrecherche/suche.html?get=views;document&doc=7319&typ=RL (09.08.2014).
[128] Ebd. Ziff. 5.2.
[129] NRW Ministerium für Bauen und Verkehr: Fördersatzerlass zur Städtebauförderung 2008 vom 22.01.2008, Az. V A 4 – 40.05 -
[130] Das Gesetz wird jährlich neu erlassen. NRW, Ministerium für Inneres und Kommunales:
https://recht.nrw.de/lmi/owa/br_vbl_detail_text?anw_nr=6&vd_id=12683&vd_back=N248&sg=&menu=
1 (09.08.2014).

Das Land NRW konnte in den Jahren 2007—2013 über einen Betrag von 515.920.000 €[131] an Städtebauförderungsmitteln verfügen.

2.3.3. Sachsen

Die Verwaltungsvorschriften (VwV) des Sächsischen Staatsministeriums des Innern über die Durchführung und Förderung von Maßnahmen der nachhaltigen Stadtentwicklung und der Revitalisierung von Brachflächen zur Umsetzung des Operationellen Programms des Freistaates Sachsen für den EFRE in der FP 2007 bis 2013[132] treffen Regelungen über die Fördergegenstände, die Zuwendungsempfänger, die Zuwendungsvoraussetzungen, die Art und den Umfang sowie die Höhe der Zuwendung und das Verfahren von EFRE-Förderungen. Gefördert werden demnach im Rahmen der nachhaltigen Stadtentwicklung solche Maßnahmen, die städtebauliche und infrastrukturelle Zentralisierungs- und Konzentrationsprozesse in Städten und Stadtquartieren stärken. Zuwendungs-voraussetzung im Rahmen der nachhaltigen Stadtentwicklung ist, dass es sich bei der Antragstellerin um eine Gemeinde mit Funktionen eines Ober-, Mittel- oder Grundzentrums handelt. In den antragsberechtigten Gemeinden können zusammenhängende Gebiete gefördert werden, die mindestens 2.000 Einwohner aufweisen sollten. Es muss sich ferner um ein Gebiet handeln, welches ein benachteiligtes Problemgebiet in der Gebietskulisse der industrialisierungsbedingten Stadterweiterungen aus der Zeit zwischen 1870 und 1948 ist und das in seiner Entwicklung vom Gemeindedurchschnitt abweicht sowie von den Folgen des demographischen Wandels betroffen ist. Das Gebiet muss außerdem durch einen Beschluss des Gemeinderates über ein integriertes Handlungskonzept abgegrenzt worden sein.

Sind die genannten Voraussetzungen erfüllt, kann die Zuwendung als nicht rückzahlbarer Zuschuss in Höhe von maximal 75% der zuschussfähigen Gesamtausgaben gewährt werden. Der Restbetrag ist durch Eigenmittel der Gemeinde zu finanzieren. Die Verwaltungsvorschrift enthält die Regelung, nach welcher der Anteil der Gemeinde mit Zustimmung der Bewilligungsstelle/zwischengeschalteten Stelle durch andere öffentliche Mittel ersetzt werden kann. Allerdings ist dies nur möglich, wenn sich die Gemeinde in einer schwierigen Haushaltslage befindet und dies beispielsweise durch ein genehmigtes Haushaltssicherungskonzept nachgewiesen wurde. In solchen Fällen Fall beträgt der bei der Gemeinde verbleibende Mindestanteil lediglich 10% der förderfähigen Ausgaben.

Sachsen konnte in den Jahren 2007—2013 über einen Betrag von 501.635.000 €[133] an Städtebauförderungsmitteln verfügen.

---

[131] Vgl. Anlage II.
[132] BMWi: Sachsen VwV Stadtentwicklung: http://www.foerderdatenbank.de/Foerder-DB/Navigation/Foerderrecherche/suche.html?get=4aa561e46fff16fb87d819d09c769842;views;document&doc=10710&typ=RL (09.08.2014).
[133] Vgl. Anlage II.

2.4. Experteninterviews aus den ausgewählten Bundesländern

2.4.1. Vorstellung der Interviewpartner und des Leitfadens für die Experteninterviews

Mit folgenden Stellen auf Ebene der Bundesländer wurde jeweils ein leitfadengestütztes Interview geführt:

- für das Bundesland Freie Hansestadt Bremen mit dem Senator für Umwelt, Bau und Verkehr, Referat 72 – Stadtumbau –
    - und mit dem Senator für Wirtschaft, Arbeit und Häfen der Freien Hansestadt Bremen Referat Z3 "Abteilungsübergreifende Aufgaben" EFRE-Verwaltungsbehörde
    - sowie mit dem Magistrat der Stadt Bremerhaven, Stadtplanungsamt
- für das Bundesland Nordrhein-Westfalen mit dem Ministerium für Bauen, Wohnen, Stadtentwicklung und Verkehr, Referat V A 2
- und für das Bundesland Sachsen mit dem Sächsischen Staatsministerium des Innern, Abteilung Stadtentwicklung, Bau- und Wohnungswesen, Referat Städtebau- und EU-Förderung
    - sowie mit der Stadt Döbeln, Technischer Bereich Stadtplanungsamt, Sachgebiet Planung.

Nach einer kurzen Einleitung zum Anlass des Interviews und dem Hinweis, dass die FP 2007—2013 untersucht wird, wurde das Interview anhand folgender Fragen geführt:

- Mit Mitteln aus welchen nationalen Programmen wurden EFRE-Mittel im Bereich der Städtischen Dimension gemäß Art. 8 EFRE-VO kombiniert?
- Falls mit StBauF kombiniert wurde, mit welchen Programmen der StBauF wurde kombiniert?
- Wo sind die Bedingungen für die mögliche Kombination von EFRE und StBauF-Mitteln geregelt?
- Gab es besondere Voraussetzungen für die mögliche Kombination?
- Gab es aus Sicht der Interviewpartner Hindernisse für die mögliche Kombination der Mittel auf EU-, Bundes-, oder Landesebene?
- Was müsste geändert werden, um noch bessere Möglichkeiten für eine Kombination zu erhalten?
- Ist eine Kombination überhaupt sinnvoll?
- Wie hoch waren die Mittel aus der StBauF, die in der FP 2007—2013 mit EFRE in der Städtischen Dimension kombiniert wurden?

- Gibt es ein besonders gelungenes Beispiel für ein kombiniert gefördertes Projekt aus Ihrem Bundesland?
- Wird sich an der Möglichkeit zu kombinieren in der kommenden FP 2014—2020 etwas ändern?

2.4.2. Ergebnisse aus den Experteninterviews: Vorschriften, Förderlogiken und Verfahrensweisen

2.4.2.1. Bremen

Besondere Verwaltungsvorschriften zur Kombination von EFRE-Mitteln mit Mitteln aus der Städtebauförderung existieren im Land Bremen nicht. Maßgebliche Grundlage für die Vergabe von Städtebaufördermitteln sind die jährlichen Verwaltungsvereinbarungen zur Städtebauförderung mit dem Bund. EFRE-Mittel für die Städtische Dimension im engeren Sinne nach Art. 8 EFRE-VO wurden in der FP 2007—2013 in Bremen mit Städtebaufördermitten aus den Programmen Soziale Stadt und Stadtumbau West kombiniert, in Bremerhaven darüberhinaus mit Mitteln aus dem Programm Aktive Stadt- und Ortsteilzentren. Die Stadt Bremen hat fünf Projekte und Bremerhaven drei Projekte in der SD nach Art. 8 EFRE-VO abgewickelt.

Tab. 5: Maßnahmen mit kombinierten Förderungen EFRE/StBauF in der FP 2007—2013 im Bundesland Bremen[134]

Projekt	Gebietskulisse / Nat. Programm	Programmmittel T € EFRE	StBauF	Gemeindemittel	Summe
Wartburgstr. Bremen-Walle	Sanierungsgebiet; Sanierungs- und Erneuerungsmaßnahmen	856	856	0	1.712
QBZ Robinsbalje Bremen-Huchting	Gebiet Soziale Stadt	1.319	400	1.046	2.765
Sportgemeinschaft Marßel/Burgdamm	Gebiet Soziale Stadt	474	475	90	1.039
Quartiersbildungszentrum Gröpelingen	Gebiet Soziale Stadt	570	430	2.130	3.130
Osterfeuerberger/Waller Ring Bremen-Walle	Sanierungsgebiet; Sanierungs- und Erneuerungsmaßnahmen	700	1.830	0	2.530
Stadtteilzentrum Leherheide-West	Stadtumbau West	1.000	300	600	1.900
Standortmanagement Geestemünde	Aktive Stadt- und Ortsteilzentren	300	100	200	600
Geestemünde geht zum Wasser	Aktive Stadt- und Ortsteilzentren	300	100	200	600
		5.519	4.491	4.266	14.276

---

[134] Vgl. Bremen Senator für Umwelt, Bau, Verkehr und Europa: EFRE Stadtentwicklungsprojekte Jahresbericht 2010 und dem Interview mit der Stadt Bremerhaven.

Die Maßnahmen der SD, die mit Mitteln aus EFRE finanziert wurden, wurden daneben mit weiteren -im weiteren Sinne nationalen Mitteln- kofinanziert, in einem Fall mit Mitteln aus der Spielbankenabgabe, die in die Stiftung „Wohnliche Stadt" geflossen sind. Des Weiteren wurde auch mit Mitteln aus dem ESF kombiniert.

Die Kombination der Mittel aus EFRE und aus der StBauF wird als sinnvoll angesehen, da durch die verschiedenen Programme unterschiedliche Aspekte bei der Förderung berücksichtigt werden können. Die EFRE-Mittel allein würden für das Land Bremen nicht ausreichen, um städtebauliche Missstände nachhaltig zu beseitigen. Bremen ist darüber hinaus auf die Mittel aus der Städtebauförderung angewiesen.

Weder von Bundesseite noch von Seiten der EU werden aus Bremer Sicht Hindernisse gesehen, die eine Kombination der Mittel EFRE/StBauF erschweren würden. Bremen würde sich jedoch auf Ebene der Strukturfonds noch bessere Kopplungsmöglichkeiten des EFRE und des ESF wünschen, da hierdurch ein umfassenderer und weitergehender Ansatz zur Verbesserung der Situation in den Stadtteilen mit Missständen erreicht werden könnte. Aus Bremer Sicht ist der EFRE gut für den investiven Bereich der Projekte geeignet, während der ESF sehr gut konsumtive Projektausgaben finanzieren kann.

Im „Jahresbericht zu Bremer Stadtentwicklungsprojekte 2010"[135] heißt es, dass insbesondere in Stadtteilen mit gehäuft und intensiv auftretenden Problemlagen die EFRE-Programmtitel des Förderbereiches „Stadtteilzentren- und Quartiersentwicklung, Revitalisierung von Gewerbestandorten" einzusetzen sind. Dieser Mitteleinsatz habe vorwiegend in solchen Gebieten zu erfolgen, in denen Bund-/Länderprogramme sowie kommunale Programme in festgelegten Fördergebietskulissen angewendete werden. Als Begründung hierfür wird darauf verwiesen, dass Daten und Planungsgrundlagen zur Erstellung und Fortschreibung eines integrierten Handlungskonzeptes in der Regel ebenso vorliegen wie lokale Organisationsstrukturen der Akteure, auf die zurückgegriffen werden kann. Dieses Verfahren wurde im Interview bestätigt. Bremen setzt seine EFRE-Mittel möglichst dort ein, wo es bereits Planungen, Handlungskonzepte und Akteursgruppen aus Gebietskulissen der Städtebauförderung und hier speziell der „Sozialen Stadt", des „Stadtumbau West" oder der „Aktiven Stadt- und Ortsteilzentren" gibt. Gesprächsweise wurde auch der Faktor Zeit ins Feld geführt: Wenn auf vorhandene Strukturen zurückgegriffen werden kann, verliert die Behörde keine Zelt mit dem Aufbau von Akteursgruppen und kann stattdessen sofort in die Umsetzung idealerweise bereits vorgeplanter Projekte einsteigen. Der o.a. Bremer Jahresbericht führt weiter dazu aus, dass die Ziele der kommunalen bzw. nationalen Programme den Zielsetzungen der europäischen Kohäsionspolitik entsprechen – insofern ergeben sich nicht nur Synergieeffekte bei der organisatorischen Vorbereitung und Durchführung der Programme, sondern auch Multiplikatoreffekte bei der Realisierung der Maßnahmen.[136]

---

[135] Vgl. Bremen Senator für Umwelt, Bau, Verkehr und Europa: EFRE Stadtentwicklungsprojekte Jahresbericht 2010, S. 9.
[136] Vgl. ebd.

2.4.2.2. Nordrhein-Westfalen

In NRW wurden in der Zeit von 2008[137] bis 2013 151 verschiedene Maßnahmen durch Mittel aus den EU-Strukturfonds gefördert. Der Mittelwert der förderfähigen Kosten dieser Maßnahmen lag bei rd. 1,35 Mio. €. Der Städtischen Dimension gem. Art 8 EFRE-VO sind laut Interview 116 Maßnahmen[138] mit einem durchschnittlichen Fördervolumen von rd. 1,1 Mio. € durch die EU zuzurechnen. Dem Gesamtförderbetrag dieser Maßnahmen in Höhe von 127.874.701 € aus EFRE stand ein Gesamtbetrag von 77.872.932 € aus Bundes- und Landesmitteln der Städtebauförderung gegenüber.

In Nordrhein-Westfalen wurde die Möglichkeit der Kombination insgesamt rege genutzt. Hindernisse beim Kombinieren wurden nicht gesehen, es wurde im Interview jedoch die teilweise „bürokratische" Auslegung von Fördervoraussetzungen seitens der Europäischen Kommission kritisiert.

2.4.2.3. Sachsen

In Sachsen standen in der Förderperiode 2007—2013 insgesamt 3.091,14 Mio. € EFRE-Mittel[139] zur Verfügung. Der Städtischen Dimension gem. Art 8 EFRE-VO ist dabei das EFRE-Vorhaben 5.1 „Nachhaltige Stadtentwicklung" des OP EFRE des Freistaates Sachsen zuzurechnen, welches mit einem Mittelvolumen in Höhe von insgesamt 112,7 Mio. € ausgestattet wurde. Im Rahmen dieses EFRE-Vorhabens wurden in der Förderperiode 2007 bis 2013 laut Interview insgesamt 25 benachteiligte Stadtquartiere in 20 sächsischen Städten gefördert. Im Rahmen dieser 25 Gesamtmaßnahmen wurden bislang insgesamt 520 Einzelprojekte mit einem durchschnittlichen Fördervolumen von rd. 213.600 € durch die EU gefördert. 25 dieser EU-geförderten Einzelprojekte wurden außerdem durch Bundes- und Landesmittel aus der Städtebauförderung bezuschusst.[140] Dem Gesamtförderbetrag dieser 25 Maßnahmen aus EFRE in Höhe von 16.393.123,57 € stand von 2008 bis 2013 ein Betrag von 5.513.192,61 € aus der Städtebauförderung (Bundes- und Landesmittel) gegenüber.[141] Die Zahlen werden sich bis zum Ende der Förderperiode noch verändern, da gegenwärtig[142] noch nicht alle Einzelprojekte abschließend verwendungsnachweisgeprüft werden konnten.

Grundsätzlich kamen in Sachsen alle Programme der Städtebauförderung für eine Kombination mit EFRE-Mitteln in Frage. Es gab auf Landesebene die Entscheidung, EFRE-Mittel vorrangig Kommunen zur Verfügung zu stellen, die sich in der Haushaltssicherung befinden.

Sachsen begrüßt die Möglichkeit der Kombination von EFRE-Mitteln mit Mitteln aus der Städtebauförderung sehr. Hindernisse oder Widrigkeiten bei der Möglichkeit zu kombinieren wurden nicht gesehen. Entsprechend gibt es auch keine Verbesserungsvorschläge oder

---

[137] Für die FP 2007-2013.
[138] Vgl. Anlage III.
[139] Zahlen aus dem Interview, Stand 07/2014, siehe Anlage IV.
[140] Vgl. Anlage IV.
[141] Zahlen aus dem Interview.
[142] Juli 2014.

Wünsche für das Verfahren. Nach Aussage des Sächsischen Staatsministeriums des Innern wären ohne die Möglichkeit der Kombination der Mittel Kommunen in der Haushaltssicherung gar nicht in den Genuss von Fördermitteln aus dem EFRE gekommen, da es in solchen Kommunen keine Möglichkeiten gibt, die erforderlichen Komplementärmittel für die EFRE-Förderung bereitzustellen.

2.5. Auffälligkeiten, Signifikanzen, Rückkopplung zu den Erkenntnissen aus 2.4.

Tab. 6: Vergleich der Kombinationsvoraussetzungen EFRE/StBauF in der FP 2007—2013 in den Ländern Bremen, NRW und Sachsen[143]

	Verwaltungsvorschriften	Besondere Voraussetzungen für Kombinationen	Höchstfördersatz für Kommunen
Bremen	keine	integrative Maßnahmen (lt. Interview)	k.A.
NRW	Förderrichtlinie, Fördersatzerlass, § 28 III Haushaltsgesetz	vorrangig: integrative Gesamtmaßnahmen	90%
Sachsen	Verwaltungsvorschrift zur Umsetzung des EFRE OP	nur Kommunen in der Haushaltssicherung	90%

Während es in Nordrhein-Westfalen und Sachsen teilweise sehr ausführliche, schriftliche Regelungen zur Verwendung der Mittel aus dem EFRE und der Städtebauförderung gibt, existieren solche Bestimmungen im Bundesland Bremen nicht. Im Interview wurde darauf hingewiesen, dass jedoch grundsätzlich nur integrative Maßnahmen gefördert werden.

Kommunen in Nordrhein-Westfalen können gemäß einer Regelung im jährlich neu zu erlassenden und damit auch jährlich neu zu verhandelnden Haushaltsgesetz des Landes von einer 90%igen Gesamtförderung profitieren. Auch in Sachsen besteht für Kommunen in der Haushaltssicherung die Möglichkeit eine 90%ige Förderung zu erreichen.

Der größte Unterschied zwischen den untersuchten Ländern in der Handhabung von EFRE mit Städtebaufördermitteln kombinierten Maßnahmen besteht darin, dass es in Sachsen lediglich Kommunen, die sich nachweislich in einer schwierigen Haushaltslage befinden, erlaubt ist, die notwendigen Kofinanzierungsanteile für eine Förderung aus dem EFRE im Rahmen der nachhaltigen Stadtentwicklung durch andere öffentliche Mittel (hier: Stadtbaufördermittel) zu ersetzen. Allerdings handelt es sich mit Sachsen auch um ein Bundesland, welches als Konvergenzregion mit maximal 75% aus dem EFRE gefördert werden kann, während Nordrhein-Westfalen und Bremen als RWB-Regionen nur auf eine maximal 50%ige Förderung kommen können. Daher haben es sächsische Kommunen per

---

[143] Eigene Darstellung.

se leichter als solche aus NRW oder die Bremer Städte, die notwendigen Kofinanzierungen für Förderungen aus dem EFRE aufzubringen.

Tab. 7: Kombinationen von EFRE-Mitteln mit StBauF in der SD FP 2007—2013 in den Ländern Bremen, NRW und Sachsen in €[144]

	EFRE-Gesamtbudget	EFRE nur SD	StBauF-Gesamtbudget (Bundesmittel)	EFRE-Mittel für kombinierte Maßnahmen in SD	StBauF-Mittel (Bund und Land) für kombinierte Maßnahmen	Anzahl kombinierter Maßnahmen	Anteil kombinierter Mittel am EFRE-Budget der SD
Bremen	142.000.000	14.200.000	20.500.000	5.519.000	4.491.000	8	39,0%
NRW	1.280.000.000	123.500.000	516.000.000	127.000.000	78.000.000	116	100%*
Sachsen	3.091.000.000	109.500.000	502.000.000	16.300.000	5.500.000	25	14,8%

*Näherungswert

Die Auswertung der kombinierten Maßnahmen in der städtischen Dimension und der Förderperiode 2007—2013 ergaben für die drei untersuchten Bundesländer signifikante Unterschiede. Bemerkenswert ist, dass Nordrhein-Westfalen die Mittel zu 100% aus der Städtischen Dimension des EFRE mit Mitteln der Städtebauförderung kombiniert hat. Der Anteil der kombinierten Mittel lag in Bremen bei rd. 39 % und in Sachsen nur noch bei ca. 14,8%.

Es wird darauf hingewiesen, dass es sich jeweils um gerundete Näherungswerte handelt, diese Werte also Tendenzen im Vergleich der Bundesländer untereinander wiedergeben. Gründe hierfür sind die noch nicht vollständig (wegen der n+2 Regelung[145]) abgerechnete FP 2007—2013 und die teilweise vorhandenen Unterschiede in den Darstellungsmodalitäten der einzelnen Bundesländer.[146]

Das Ergebnis ist mit Blick auf die einzelnen Bundesländer schlüssig: In Sachsen erhalten nur Kommunen in der Haushaltssicherung die Möglichkeit, EFRE-Mittel mit solchen aus der Städtebauförderung in der nachhaltigen Stadtentwicklung zu kombinieren. Laut kommunalem Finanzreport 2013 liegt das kommunale Finanzsaldo bei + 45 €/Ew. in Sachsen (zum Vergleich NRW: - 126 €/Ew.). Den kommunalen Haushalten in Sachsen geht es also so gut, dass auch Überschüsse erwirtschaftet werden können. In der Haushaltssicherung befinden sich nach einer Umfrage aus dem Jahr 2010[147] nur rd. 11% der Kommunen. Mithin kommen auch nur diese Kommunen überhaupt für eine Kombination von EFRE und Städtebaufördermitteln in Frage, die restlichen 89% haben keine Möglichkeit, die Mittel zu kombinieren.

Auch mit Blick auf das Bundesland Nordrhein-Westfalen ist das Ergebnis, nach dem die Maßnahmen der nachhaltigen Stadtentwicklung sämtlich mit Städtebauförderung kombiniert

---

[144] Eigene Berechnung, Zahlen gerundet, Beträge in €, Stand Juli 2014.
[145] n+2 bedeutet, dass Mittel der FP 2007—2013 auch noch 2 Jahre später, also erst 2015 ausgegeben werden können, gem. Artikel 93 der Verordnung (EG) Nr. 1083/2006.
[146] Teilweise lagen aktuelle Zahlen nicht vor.
[147] Spars/Jacob/Müller 2011, S. 20.

wurden, nachvollziehbar. Der EFRE-Anteil für Förderungen ist dort im Vergleich zu Sachsen wegen der Zugehörigkeit zu den RWB-Regionen insgesamt geringer, so dass es in der Folge für interessierte Kommunen schwieriger ist, sich um Förderungen zu bemühen, da gleichzeitig auch die notwendigen Kofinanzierungen aufzubringen sind. In Nordrhein-Westfalen kombiniert man daher notwendigerweise, um die EFRE-Mittel den im Durchschnitt eher nicht so gut situierten Kommunen[148] überhaupt zur Verfügung stellen zu können.

Der Stadtstaat Bremen liegt mit einem Anteil von rd. 39% an kombinierten Maßnahmen zwischen den beiden anderen untersuchten Bundesländern. Die Zahl gibt Auskunft darüber, dass in Bremen neben den dargestellten Maßnahmen rd. 61 % der Mittel aus dem Bereich der Städtischen Dimension des EFRE in Projekte geflossen sind, die nicht gleichzeitig durch Mittel der Städtebauförderung finanziert wurden, bzw. deren Kofinanzierung anderweitig sichergestellt werden konnte. In Gespräch wurde hierzu insbesondere auf die Kombination mit Mitteln aus dem ESF verwiesen.[149]

2.6. Vorstellung von drei Best Practice Förderprojekten

Die folgenden drei Beispiele aus der Praxis, die jeweils von den Interviewpartnern benannt wurden, zeigen die erhebliche Bandbreite an Zielen, Nutznießern und Begünstigten durch Maßnahmen in der Städtischen Dimension des EFRE auf. Während das Beispiel QBZ Robinsbalje aus Bremen seinen Fokus auf Bildung und die Verknüpfung von schulischen Angeboten mit solchen aus dem Bereich der Allgemeinbildung legt, zeigt das Beispiel des Bahnhofsquartiers aus Hamm, wie die Aktivierung eines erheblichen Anteils privaten Kapitals durch öffentliches Engagement gelingen kann. Das Exempel aus der Stadt Döbeln demonstriert den Erhalt von gesellschaftlichem Engagement durch die Investition in ein Bestandsgebäude.

2.6.1. Bremen: Quartiersbildungszentrum Robinsbalje

Das Quartiersbildungszentrum (QBZ) Robinsbalje[150] in Bremen ist im Jahr 2010 mit dem Ziel entstanden, Maßnahmen für Bildung, soziale Eingliederung und Stadtsanierung miteinander zu verbinden. Ausgangspunkt war das Quartier um die Straße Robinsbalje, welches von städtebaulichen und sozialen Problemlagen geprägt wurde. Das Quartier wurde auch wegen der über dem Bremer Durchschnitt liegenden Werte nachteiliger Sozialindikatoren[151] in das Programm Soziale Stadt aufgenommen. Zur Stabilisierung des Wohnquartiers wurden im Integrierten Handlungskonzept Huchting[152] vier Schwerpunktbereiche künftigen Handelns definiert:

---

[148] Vgl. Bertelsmann Stiftung 2013, S. 14.
[149] Genaue Zahlen zur Kombination von EFRE-Mitteln mit Mitteln aus anderen Programmen außerhalb der StBauF lagen nicht vor.
[150] Vgl. Bremen Senator für Bau, Umwelt und Verkehr: EFRE-Stadtentwicklungsprojekte 2010 https://3c.web.de/mail/client/dereferrer?redirectUrl=http%3A%2F%2Fwww.bauumwelt.bremen.de%2F sixcms%2Fmedia.php%2F13%2FEFRE_Jahresbericht_klein.4279.pdf (09.08.2014).
[151] Vgl. Bremen, Integriertes Handlungskonzept Huchting, http://www.sozialestadt.bremen.de/sixcms/detail.php?gsid=bremen222.c.4629.de (09.08.2014).
[152] Vgl. ebd.

- Verbesserung der Bildungssituation
- Förderung nachbarschaftlichen Zusammenlebens
- Stärkung der Stadtteilkultur sowie Sport- und Freizeitmöglichkeiten
- Ausbau der sozialen Infrastruktur.

Im Quartier Robinsbalje fehlten jedoch geeignete Räumlichkeiten und ein den Problemlagen entsprechendes Angebot. Aufbauend auf einem bestehenden Akteursnetzwerk, mit dem die Grundschule Robinsbalje zu einer Ganztagsschule entwickelt werden sollte, konnte ein umfassendes Konzept für das QBZ Robinsbalje entwickelt werden. Das inhaltliche Konzept sah vor, dass bereits vor Ort tätige Träger Kindern, Jugendlichen und Eltern aufeinander abgestimmte Förder- und Beratungsangebote in den Handlungsfeldern Sprache, Entwicklung, Gesundheit, Familie und Soziales anbieten.

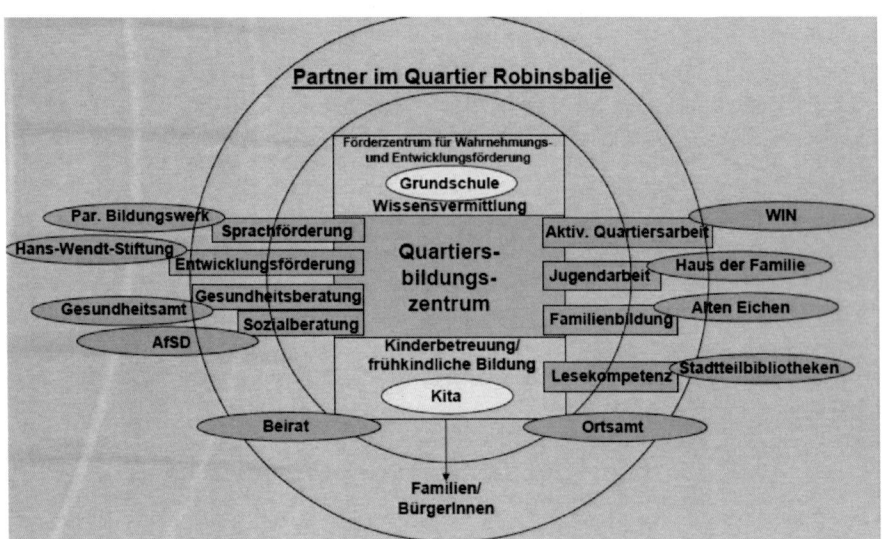

Abb. 12: Aufgaben, Partner und Akteure im QBZ Robinsbalje (aus einem Vortrag des Senators für Bildung, Bremen)[153]

Mit der finanziellen Förderung des EFRE für den Bauteil 1 in Höhe von 1.319.000 Mio. € und der Städtebauförderung aus dem Programm „Soziale Stadt" in Höhe von 400.000 € (davon 1/3 Bundesmittel und 2/3 Anteile der Gemeinde/des Landes Bremen) konnten mehrere öffentliche und private Einrichtungen gemeinsam in das neue Gebäude investieren und damit die Zukunftsperspektive des Quartiers Robinsbalje und seiner Bewohner verbessern. Als zusätzliche Mittel flossen weitere 150.000 € aus dem Programm „Impulse für den sozialen Zusammenhalt" der Stadt Bremen und noch einmal 895.500 € aus dem Budget des Senators für Bildung und dort aus dem Ressort Ganztagsschule in das Projekt.

---

[153] Bremerhaven, Stadt:
http://stadtplanungsamt.bremerhaven.de/spa16/index.php?option=com_content&view=article&id=92&Itemid=502 (09.08.2014).

Gesamtvolumen Bauteil 1: 2.764.500 €

EFRE-Förderung: 1.319.000 €

Städtebauförderung: 400.000 €

Kommune: 1.045,5 Mio. €

Das Quartiersbildungszentrum ergänzt die im Ortsteil Huchting bereits umgesetzten Maßnahmen des Bund-Länderprogrammes "Soziale Stadt", in dem es die Funktionsfähigkeit des Stadtteiles stärkt, die Bildung von Netzwerken unterstützt und ein lokales Bildungs- und Dienstleistungsangebot für die Bevölkerung ortsnah zur Verfügung stellt. Damit erfüllt es nicht nur die Ziele des EFRE, sondern entspricht dem Leitbild Bremen 2020[154] und dem darin formulierten Ansatz einer integrierten Herangehensweise in der Stadtentwicklung.

2.6.2. Nordrhein-Westfalen: Hamm Stadtumbau Bahnhofsquartier

Das durch öffentliche Infrastruktureinrichtungen und Einzelhandel geprägte Bahnhofsquartier in Hamm[155] liegt zwischen dem historischen Stadtkern und dem Bahnhof der Stadt. Im Zuge von Veränderungen im Einzelhandel schlossen Anfang der 2000er Jahre zwei größere Kaufhäuser, sodass eine innerstädtische Brache entstand. In der Folge litten auch kleine und mittelgroße Einzelhändler unter einem Trading-Down-Effekt. Durch die Neuordnung des Bereiches sollte die Hammer Innenstadt in ihren Funktionen als zentraler Versorgungs- und Einzelhandelsstandort, als Bildungs- und Kulturort, aber auch als Wohnort wiederbelebt und gestärkt werden. Die Grundlage für das Vorhaben bildete ein integriertes Handlungskonzept aus dem Jahre 2005.

Das Projekt bestand aus mehreren Bausteinen: Als Schlüsselprojekt wird der Neubau des Heinrich-von-Kleist-Forums bezeichnet. Es entstand auf dem freigeräumten Gelände des ehemaligen Kaufhauses und beherbergt eine private Hochschule für Logistik und Wirtschaft sowie die städtischen Einrichtungen Zentralbibliothek und Volkshochschule. Der Bau fungiert außerdem als Ort der Begegnung und der Kommunikation durch einen Veranstaltungssaal mit 229 Plätzen. Die zweite Einzelhandelsbrache konnte durch den Neubau eines privaten Büro- und Geschäftshauses wiederbelebt werden. Größter Nutzer ist hier das kommunale Jobcenter, hinzu kommen kleinere Läden, sowie ein größerer Fachmarkt mit einer Fläche von 1.700 qm.

In direkter Nähe zu den Einzelhandelsbrachen entstand so durch private Investition ein innerstädtisches Wohnquartier für verschiedene Zielgruppen, welches von seiner Lagegunst durch die umliegenden Infrastrukturangebote und hochwertigen Grünanlagen profitiert. Der

---

[154] Vgl. Bremen: http://www.stadtentwicklung.bremen.de/sixcms/detail.php?gsid=bremen68.c.1989.de (09.08.2014).
[155] Vgl. Hamm: http://www.hamm.de/planen-bauen-verkehr-wohnen/planen-und-entwickeln/stadtentwicklung/stadtumbau-west/bahnhofsquartier.html (09.08.2014).

flankierende Rückbau der Neuen Bahnhofstraße bildete einen weiteren wichtigen Baustein des Gesamtprojektes. Die Straße wurde von 6 auf 4 Spuren reduziert und erhielt einen barrierefreien, signalgesteuerten Übergang, eine dreireihige Baumallee sowie separate Fuß- und Radwege. Der Leerstand eines weiteren größeren Einzelhandelsgebäude wurde genutzt, um eine weitere private Investition für einen Hotelneubau einzuwerben.

Abb. 13: Planungsschwerpunkte Bahnhofsquartier Hamm[156]

Ein wichtiger Aspekt bei der Realisierung des Gesamtprojektes war die kontinuierliche Bürgerinformation. In Veranstaltungen diskutierten Anlieger, Bürger, Investoren und Geschäftsleute intensiv mit.

Die Mittel des EU-Strukturfonds ermöglichten es der Stadt Hamm, dem gesamten Bahnhofsquartier einen Innovations- und Erneuerungsschub zu geben, der weitere öffentliche flankierende und privat durchgeführte Maßnahmen nach sich zog. Der Umfang

---

[156] Vgl. Hamm, Stadt: Rundbrief 1 Bahnhofsquartier City West http://www.hamm.de/planen-bauen-verkehr-wohnen/planen-und-entwickeln/stadtentwicklung/stadtumbau-west/bahnhofsquartier.html (09.08.2014).

der öffentlichen Investition in das Heinrich-von-Kleist-Forum (Ankauf, Abriss, Wettbewerb und Neubau) verlangte eine besondere Kraftanstrengung aller öffentlichen Fördermittelgeber und Entscheider, die sich nur mit der verstärkenden Hilfe der EU-Strukturfondsmittel wirksam entfalten konnte. Das Projekt Bahnhofsquartier Hamm steht damit als bespielgebend für die Philosophie der Strukturförderung: öffentlich finanzierte Maßnahmen ziehen private Investitionen nach sich und bilden gemeinsam unterschiedliche Facetten eines Bildes, welches dem Leitbild der nachhaltigen europäischen Stadt folgt und somit auch langfristig eine Perspektive bietet.

Das Projekt Bahnhofsquartier zeigt außerdem, wie eine Stadt gegenüber den üblichen Mechanismen der Projektentwicklung und Immobilienvermarktung selbst in die Rolle eines Projektentwicklers für mehrere bedeutende zentral gelegene Einzelhandelsimmobilien und die Innenstadt schlüpft und alle relevanten Schritte auf dem Weg zur Umsetzung in Eigenregie übernimmt und betreut.[157]

Gesamtvolumen: 31,3 Mio.€

EFRE: 15,7 Mio.€

Städtebauförderung: 9,4 Mio.€

Kommune: 6,6 Mio. €

Private: 35,8 Mio.€

2.6.3. Sachsen: Döbeln Sanierung Haus der Demokratie

Das denkmalgeschützte Gebäude in der Bahnhofstraße in Döbeln wurde 2008 von dem gemeinnützig tätigen Verein „Haus der Demokratie e.V." erworben. Der Verein ist eine Plattform für bürgerschaftliches Engagement und stellt seine Räumlichkeiten anderen Vereinen, Initiativen und Einzelpersonen zu Verfügung, die sich u.a. für ein gewaltfreies, friedliches Miteinander, gegen Rassismus und Diskriminierung engagieren und aktiv an der Gestaltung des Wohn- und Lebensumfeldes mitwirken. Für eine langfristige zukunftsorientierte Weiterführung der engagierten und anerkannten Vereinsarbeit bedurfte es der grundlegenden Sanierung des baulichen Bestandes und der Beseitigung von Baumängeln.

Nach einer Analyse der Bausubstanz wurden die wesentlichen Schäden aufgenommen und eine Prioritätenliste erstellt. Als vordringlichste Aufgabe kristallisierte sich dabei die Erneuerung des undichten Daches, der Dachentwässerung und des Blitzschutzes sowie Instandsetzungsarbeiten an der denkmalgeschützten Fassade heraus. Als weitere Maßnahmen sollten die Einbindung in die öffentliche Entwässerung und die Erneuerung von Abwasserleitungen umgesetzt werden. Ferner musste die Elektroinstallation geprüft und teilweise erneuert werden. Mit Stadtratsbeschluss vom 25.03.2010 wurde der im integrierten

---

[157] Vgl. NRW Ministerium für Bauen und Verkehr: Stadtumbau in Nordrhein-Westfalen, Düsseldorf 2007, S. 27.

Handlungskonzept des EFRE-Programms verankerten Maßnahme zugestimmt. In einer Willenserklärung zwischen der Stadt Döbeln und dem Verein „Haus der Demokratie e.V." wurde daraufhin die Übertragung des Eigenanteils der Stadt Döbeln und die Übertragung der EU-Förderung vertraglich geregelt.

Das Vorhaben zeigt beispielhaft, wie mit Hilfe der EFRE-Förderung gemeinnützige Vereine und Institutionen in ihrer Arbeit unterstützt werden und damit viele Teile der Bevölkerung profitieren können.

Gesamtvolumen: 211.274,22 €

EFRE: 156.375,00 €

Städtebauförderung: 31.275,00 €

Kommune: 23.624,22 €

während der Bauphase

vorher   Haus der Demokratie   nachher

Abb. 14: Stadt Döbeln, Haus der Demokratie[158]

---

[158] Entnommen einem Projektsteckbrief des sächsischen Staatsministeriums des Innern, der im Rahmen des Interviews zur Verfügung gestellt wurde.

2.7. Reflektionen aus den untersuchten Bundesländern in Bezug auf die neue Förderperiode 2014—2020

In der nächsten Förderperiode gibt es im Stadtstaat Bremen eine deutlichere Konzentration auf bestimmte umgrenzte Bereiche und vorhandene Förderkulissen. Dies ist auch der Tatsache geschuldet, dass Bremen über weniger Mittel aus dem EFRE verfügen kann. Der Gebietskulissenbezug europäischer Förderprogramme wird dort als sehr sinnvoll erachtet, da in der Abwicklung auf bestehende Strukturen zurückgegriffen werden kann. Bremen versucht, diesen Ansatz mit seinem OP 2014—2020 aufzugreifen. Noch ist nicht klar, ob die Kommission diesen Ansatz akzeptieren kann.[159]

In Nordrhein-Westfalen wird die Tendenz hin zur Städtebauförderung und eher weg von der komplexen und komplizierten EU-Förderung über den EFRE erkannt. Die Mittel des EU-Strukturfonds werden gleichzeitig als notwendig für die Finanzierung städtebaulicher Maßnahmen erachtet, da die Mittel der Städtebauförderung für das Bundesland als nicht auskömmlich angesehen werden. In der Abwicklung und in der Handhabbarkeit würde man der Städtebauförderung klar den Vorzug geben. („Hätten wir doppelt soviel Geld in der Städtebauförderung, würden wir uns um EFRE nicht bemühen"[160]).

Begründet wird der Vorzug der Städtebauförderung gegenüber der Förderung aus dem EFRE auch mit der Tatsache, dass die nationale Förderung im Einzelfall mehr Möglichkeiten bietet. Vor dem Hintergrund -aus Sicht des Landes- restriktiven Förderverfahrens im EFRE wird bedauernd zur Kenntnis genommen, dass die "experimentellen Ansätze von URBAN I und II im Zuge des sogenannten Mainstreaming total zurückgefahren wurden."[161]

Sachsen wird in der kommenden Förderperiode die Kombination EFRE/Städtebauförderung in der bisherigen Form wohl nicht mehr zulassen, da die künftige Förderung allein über den EFRE in der SD für ausreichend erachtet wird. Allerdings wurde dieser Ansatz noch nicht mit den Kommunen abgestimmt, so dass es auch noch zu Änderungen kommen kann.[162]

3. Ergebnis und Ausblick

Aus dieser Arbeit folgt die Erkenntnis, dass die untersuchten Länder Bremen, Nordrhein-Westfalen und Sachsen die Möglichkeit der Kombination von EFRE-Mittel mit solchen aus der Städtebauförderung in der städtischen Dimension in der vergangenen Förderperiode allesamt genutzt haben, allerdings jeweils in höchst unterschiedlichem Maße.

---

[159] Interview mit dem Bremer Senator für Umwelt, Bau und Verkehr, Referat 72 – Stadtumbau.
[160] Interview mit Ministerium für Bauen, Wohnen, Stadtentwicklung und Verkehr NRW, Referat V A 2.
[161] Aussage aus dem Interview mit dem Ministerium für Bauen, Wohnen, Stadtentwicklung und Verkehr NRW, Referat V A 2
[162] Interview mit dem sächsischen Staatsministerium des Innern, Abteilung Stadtentwicklung, Bau- und Wohnungswesen, Referat Städtebau- und EU-Förderung.

Die Einstiegsvoraussetzungen in die EFRE-Förderung sind je nach Förderkulisse und Vorgaben der operationellen Programme für die Städtische Dimension ebenso unterschiedlich wie die Fördersätze und die finanziellen Möglichkeiten der Kommunen. Mit Blick auf die Städtebauförderung stellte das BMVBS bereits 2010 fest: „Die Umsetzung der Städtebauförderung und damit auch ihre positiven ökonomischen Effekte werden jedoch zunehmend durch die angespannten kommunalen Haushalte gefährdet. Eine aktuelle Studie[163] zeigt, dass die Zielsetzungen der Städtebauförderung immer häufiger nur in geringem Umfange erreicht werden, weil gerade ärmere Städte mit größeren Problemen weniger Städtebaufördermittel beantragen als nötig wären. Zudem ist in Fällen von kommunalen Haushaltsnotlagen je nach den Vorgaben der Kommunalaufsicht eine Inanspruchnahme der Städtebauförderung oftmals kaum möglich.[164]

Das Bundesland Sachsen fokussierte dementsprechend die Möglichkeit der Kombination von EFRE-Mitteln in der Städtischen Dimension mit Städtebauförderung auf Kommunen, denen es finanziell nicht gut geht und die sich in der Haushaltssicherung befinden. In Nordrhein-Westfalen wurden demgegenüber sämtliche Mittel des EFRE in der nachhaltigen Stadtentwicklung mit Städtebauförderung kombiniert, während der Anteil der kombinierten Mittel im Stadtstaat Bremen bei rd. 39% lag.

Die Kombination mit Mitteln aus der Städtischen Dimension des EFRE macht einen wichtigen Aspekt der Städtebauförderung in den beiden untersuchten westlichen Bundesländern aus, so dass sich eine weitergehende Untersuchung zur Frage, wie andere Bundesländer diese Frage handhaben, lohnen würde, denn die Erkenntnisse dieser Arbeit stellen mit drei untersuchten Bundesländern lediglich einen kleinen Ausschnitt aus der Förderkulisse Bundesrepublik Deutschland dar. Es wäre daher interessant, Ergebnisse aus allen 16 Bundesländern zur Thematik gegenüberzustellen und diese zu vergleichen. Die ausgewählten Bundesländer erlaubten gleichwohl, auch wegen ihrer Verschiedenartigkeit in Größe, Einwohnerzahlen und der unterschiedlich großen Töpfe der Städtebaufördermittel und des ERFE, einen Einblick in die organisatorisch und programmatisch sowie legislativ unterschiedlichen Möglichkeiten der Mittelkombinationen.

Noch 2005 wurde in einem Aufsatz zur Thematik[165] festgestellt, dass die Städte den EU-Strukturfondsmitteln positiv gegenüber stünden, da diese Mittel eine zusätzliche Finanzierungsquelle bedeuten und die Planungssicherheit bei den Strukturfonds (im 9-jährigen Ausführungszeitraum) im Gegensatz zu den nationalen Regelungen (Jährlichkeitsprinzip) einen Vorteil böten. Diese Aussage gilt derzeit nicht mehr umfassend. Hinzugekommen sind die Erfahrungen aus der FP 2007—2013 und die Aufnahme der als experimenteller und offener empfundenen URBAN-Ansätze in das Regelwerk des EFRE. Die Abwicklung der Förderung aus EFRE wird teilweise im Vergleich zur langjährig bekannten Städtebauförderung als umständlich und bürokratisch angesehen. Der Bund und die meisten Länder werden wohl an den möglichen Kombinationen von unterschiedlichen nationalen und

---

[163] Vgl. Spars/Jacob/Müller 2011, S. 9.
[164] Vgl. BMVBS 2012b, S. 24.
[165] Vgl. Eltges 2005, S. 137.

europäischen Fördertöpfen festhalten, da schrumpfende Förderbudgets keine andere Möglichkeit der Finanzierung notwendiger Investitionen in die städtebauliche Entwicklung bieten.[166]

Die Institutionalisierung der Städtischen Dimension über den EFRE im Laufe der letzten Jahre lässt auf die weiter steigende Relevanz städtischer und stadtorientierter Politik auf europäischer Ebene schließen. Dies hat auch Auswirkungen auf die nationale Stadtpolitik, die im Gegenzug eine Europäisierung in ihrer Ausrichtung und in ihren Inhalten erfährt. Zum Beispiel kann mit Blick auf das Förderprogramm „Soziale Stadt" im Rahmen der Städtebauförderung von einer Instrumentalisierung der EU-Stadtentwicklungspolitik durch die einschlägigen nationalen Akteure gesprochen werden.[167] Andererseits gewinnt die EU durch die Bereitstellung von Fördermitteln erheblichen Einfluss auf nationale, regionale und lokale Politiken, indem sie die Vergabe von Geld an inhaltliche und verfahrensbezogene Bedingungen knüpft.[168]

Die Politik für Städte mit ihren Wechselwirkungen zwischen der EU, des Bundes, der Länder sowie der Kommunen, ist daher beispielgebend für die Entwicklung eines Politikfeldes im Mehrebenensystem der Europäischen Union. Angesichts der weiter fortschreitenden Verstädterung wird die Politik auf europäischer Ebene für Städte weiter an Relevanz gewinnen, denn: „Was gut für die Städte ist, ist auch gut für Europa".[169]

---

[166] Vgl. auch BMVBS: 2010b, S. 5.
[167] Vgl. Reiter 2011, S. 313.
[168] Vgl. Frank, S. 109.
[169] Eltges 2005, S. 141.

Literaturverzeichnis

BBSR:
http://www.bbsr.bund.de/BBSR/DE/Stadtentwicklung/Staedtebaufoerderung/GrundlagenZiele
Finanzierung/grundlagen_node.html (09.08.2014).

BBSR:
http://www.bbsr.bund.de/BBSR/EN/UrbanDevelopment/UrbanDevelopmentEurope/European
UrbanPolicy/Projects/MemberStateCooperation/MemberStateCooperation.html;jsessionid=6
2CB8FF7421CABF75B98595D49EA647E.live1042?nn=385310#doc385274bodyText2
(09.08.2014).

Bertelsmann Stiftung 2013: Kommunaler Finanzreport http://www.kommunaler-
finanzreport.de/ (09.08.2014).

BMBF: http://www.forschungsrahmenprogramm.de/kohaesionsinstrumente.htm
(09.08.2014).

BMUB:
http://www.staedtebaufoerderung.info/StBauF/SharedDocs/ExterneLinks/DE/StBauF/Stadtu
mbauWest/LeitfadenSTUW.html (09.08.2014).

BMVBS: Programme der Städtebauförderung, Merkblatt über die Finanzhilfen des Bundes
2008.

BMVBS: Die Städtische Dimension in den deutschen Strukturfondsprogrammen, 2010a
http://www.bbsr.bund.de/cln_016/nn_629248/BBSR/DE/Veroeffentlichungen/BMVBS/Online/
2010/ON152010.html (09.08.2014).

BMVBS: Stadtumbau in mittel- und osteuropäischen Städten, Berlin 2010b.
http://baufachinformationen.de/literatur.jsp?bu=2011019014812 (09.08.2014).

BMVBS: 5 Jahre Leipzig Charta – Integrierte Stadtentwicklung als Erfolgsbedingung einer
nachhaltigen Stadt, Berlin 2012a.

BMVBS: Zukunft der Städtebauförderung, Berlin 2012b.

BMWI: Förderrichtlinien Stadterneuerung 2008 Ziff. 1, Abs. 1
http://www.foerderdatenbank.de/Foerder-
DB/Navigation/Foerderrecherche/suche.html?get=views;document&doc=7319&typ=RL
(09.08.2014).

BMWi: Sachsen VwV Stadtentwicklung: http://www.foerderdatenbank.de/Foerder-
DB/Navigation/Foerderrecherche/suche.html?get=4aa561e46fff16fb87d819d09c769842;view
s;document&doc=10710&typ=RL (09.08.2014).

BMWI: Strategische Berichterstattung 2009 Langfassung Nationaler Strategischer
Rahmenplan für den Einsatz der EU-Strukturfonds in der Bundesrepublik Deutschland
2007—2013, http://www.esf-
gleichstellung.de/86.html?&cHash=0855b3f9ad&tx_ttnews[cat]=9 (09.08.2014).

BMWI: NRP 2011, http://bmwi.de/DE/Mediathek/publikationen,did=385876.html
(09.08.2014).

Bremen EFRE OP: http://www.efre-bremen.de/detail.php?gsid=bremen59.c.2315.de (09.08.2014).

Bremen, Senator für Umwelt, Bau, Verkehr und Europa: EFRE Stadtentwicklungsprojekte Jahresbericht 2010, Bremen 2011

Bremen, Senator für Bau, Umwelt und Verkehr:
https://3c.web.de/mail/client/dereferrer?redirectUrl=http%3A%2F%2Fwww.bauumwelt.breme n.de%2Fsixcms%2Fmedia.php%2F13%2FEFRE_Jahresbericht_klein.4279.pdf (09.08.2014).

Bremen:
http://www.stadtentwicklung.bremen.de/sixcms/detail.php?gsid=bremen68.c.1989.de (09.08.2014).

Bremen: http://www.sozialestadt.bremen.de/sixcms/detail.php?gsid=bremen222.c.4629.de (09.08.2014).

Bremerhaven, Stadt:
http://stadtplanungsamt.bremerhaven.de/spa16/index.php?option=com_content&view=article &id=92&Itemid=502 (09.0.2014).

Bundesrat: Ratsdokument 11606/04, Drucksache 571/04 vom 15.10.2004. http://www.bundesrat.de/DE/dokumente/uebersetzungen/uebersetzungen-node.html?cms_gts=4672670_list%253DdateOfIssue_dt%252Basc (09.08.2014).

Deutscher Verband: Förderung der integrierten Stadtentwicklung durch die deutschen und österreichischen EU-Strukturfondsprogramme, Berlin 2008.

Eltges, Markus: Städte und Europäische Strukturpolitik in Raumforschung und Raumordnung Nr. 2/2005 S. 134-141.

Eltges, Markus/Walter, Kurt: Städtebauförderung – historisch gewachsen und zukunftsfähig in Informationen zur Raumentwicklung, Heft 9/10.2001.

Europäische Kommission: Leitfaden - Die städtische Dimension der Europäischen Union 2010
http://ec.europa.eu/regional_policy/sources/docgener/guides/urban/index_de.htm (09.08.2014).

Europaparlament:
http://www.europarl.europa.eu/summits/lis1_de.htm (09.08.2014).

Europaparlament:
http://www.europarl.europa.eu/summits/fei1_de.htm#II (09.08.2014).

Frank, Susanne: Stadtentwicklung durch die EU: Europäische Stadtpolitik und URBAN-Ansatz im Spannungsfeld von Lissabon-Strategie und Leipzig-Charta, Raumforschung und Raumordnung 2/2008, S. 108.

Hamm, Stadt:
http://www.hamm.de/planen-bauen-verkehr-wohnen/planen-und-entwickeln/stadtentwicklung/stadtumbau-west/bahnhofsquartier.html (09.08.2014).

Kunzmann, Klaus R.: Urban Germany: The Future Will Be Different in: van den Berg, Leo/Braun, Erik/van der Meer, Jan (Hrsg.): National Policy Responses to Urban Challenges in Europe, Hampshire 2007, S. 169-192.

57

Lemke, Matthias: Politische Gestaltbarkeit verdichteter Räume in: Lemke, Matthias (Hrsg.): Die gerechte Stadt, Stuttgart 2012, S. 11 – 22.

Müller-Zick, Klaus: Die EU-Strukturfonds und die Städtebauförderung im Saarland in: Informationen zur Raumentwicklung Heft 9/10.2001, S. 647-655, http://www.bbsr.bund.de/BBSR/DE/Veroeffentlichungen/IzR/2001/Heft0910Staedtebaufoerde rung.html?nn=422250 (09.08.2014).

NRW, Ministerium für Bauen und Verkehr: Stadtumbau in Nordrhein-Westfalen, Düsseldorf 2007.

NRW, Ministerium für Bauen und Verkehr: Fördersatzerlass zur Städtebauförderung 2008 vom 22.01.2008, Az. V A 4 – 40.05 -

NRW, Ministerium für Wirtschaft, Energie, Industrie, Mittelstand und Handwerk: http://www.efre.nrw.de/1_Ziel2-Programm/3_Foerdergrundlagen/2_Foerderrichtlinien_des_Landes/ (09.08.2014).

NRW EFRE OP (Stand 23.11.2009): http://www.efre.nrw.de/1_Ziel2-Programm/3_1_Programmtexte/index.php (09.08.2014).

NRW, Finanzministerium: http://www.fm.nrw.de/allgemein_fa/steuerzahler/gesetze/landesrecht/lho/index.php (09.08.2014).

NRW, Ministerium für Inneres und Kommunales: https://recht.nrw.de/lmi/owa/br_vbl_detail_text?anw_nr=6&vd_id=12683&vd_back=N248&sg =&menu=1 (09.08.2014).

Piskorz, Wladyslaw: Arbeitsdokument der Generaldirektion Regionalpolitik der Europäische Kommission: Die städtische Dimension stärken, Analyse der durch den Europäischen Fonds für regionale Entwicklung kofinanzierten Operationellen Programme (2007—2013), 2008.

Rat der Europäischen Union: http://www.consilium.europa.eu/ueDocs/cms_Data/docs/pressData/de/ec/ACF191B.html (09.08.2014).

Reicher, Christa: Eine Allianz für eine gerechte Stadt in Lemke, Matthias (Hrsg.): Die gerechte Stadt, Stuttgart 2012, S. 189-205.

Reiter, Renate: Politiktransfer der EU – Die Europäisierung der Stadtentwicklungspolitik in Deutschland und Frankreich, Wiesbaden 2011.

Sachsen EFRE OP: http://www.strukturfonds.sachsen.de/256.html#article505 (09.08.2014).

Sinz, Manfred: Europäische Stadt- Europäische Städtepolitik? in Siebel, Walter (Hrsg.): Die europäische Stadt, Frankfurt a.M. 2004, S. 345-358.

Spars, Guido/Jacob, Patricia/Müller, Anja: Kommunale Haushaltsnotlagen – Bestandsaufnahme und Möglichkeiten der Reaktion im Rahmen der Städtebauförderung des Bundes und der Länder, Wuppertal 2011.

Tofarides, Maria: Urban Policy in the European Union, Burlington 2003.

Tuchtfeldt, Egon: Infrastrukturinvestitionen als Mittel der Strukturpolitik in Jochimsen, Reimut/Simonis, Udo Ernst (Hrsg.): Theorie und Praxis der Infrastrukturpolitik S. 123 – 151, Berlin 1970.

UN HABITAT: State of the World`s Cities 2010/2011 - Bridging the Urban Divide 2008 http://mirror.unhabitat.org/pmss/listItemDetails.aspx?publicationID=2917 (09.08.2014).

Walter, Kurt: Entstehung und Implementierung der Städtebauförderung im bundesstaatlichen System, Frankfurt 1997.

Zarth, Michael: Nationaler Strategischer Rahmenplan - ein neues Koordinierungsinstrument in der europäischen Strukturpolitik 2007+ in: Raumforschung und Raumordnung 4/2007.

Zimmermann, Karsten: Cities for growth, jobs and cohesion – Die implizite Stadtpolitik der EU in Heinelt, Hubert / Vetter, Angelika (Hrsg.): Lokale Politikforschung heute, Wiesbaden 2008, S. 79-102.

KOM(2007)803: http://eur-lex.europa.eu/search.html?type=expert&qid=1407586964804 (09.0.2014).

KOM(2005)141: http://eur-lex.europa.eu/search.html;ELX_SESSIONID=11ZHTmSNM2kL1Jv0Vy85b0T0y0jhzJKFwfDX tmMzBT2cCGG4D5sj!115450068?type=expert&qid=1407586893995 (09.08.2014).

2006/702/EG: http://eur-lex.europa.eu/legal-content/DE/TXT/?uri=CELEX:32006D0702 (09.08.2014).

VV Städtebauförderung 2011
http://www.mil.brandenburg.de/cms/detail.php/bb1.c.246945.de?highlight= (09.08.2014).

VV Städtebauförderung
http://www.staedtebaufoerderung.info/StBauF/DE/Grundlagen/RechtlicheGrundlagen/Rechtli cheGrundlage_node.html (09.08.2014).

http://ec.europa.eu/regional_policy/archive/urban2/urban/upp/src/frame4.htm (09.08.2014).

http://ec.europa.eu/regional_policy/atlas2007/germany/index_de.htm (09.08.2014).

http://ec.europa.eu/regional_policy/sources/docgener/guides/urban/index_de.htm (09.8.2014)

http://europa.eu/legislation_summaries/employment_and_social_policy/social_inclusion_fight _against_poverty/g24209_de.htm (09.08.2014).

http://europa.eu/legislation_summaries/agriculture/general_framework/g24231_de.htm (09.08.2014).

http://ec.europa.eu/regional_policy/what/cohesion/index_de.cfm (09.08.2014).

http://ec.europa.eu/regional_policy/country/prordn/details_new.cfm?gv_PER=2&gv_PAY=DE &gv_reg=ALL&gv_PGM=1090&LAN=4&gv_defL=9 (09.08.2014).

http://ec.europa.eu/regional_policy/country/prordn/details_new.cfm?gv_PER=2&gv_PAY=DE &gv_reg=ALL&gv_PGM=1091&gv_defL=9&LAN=4 (09.08.2004)

http://ec.europa.eu/regional_policy/country/prordn/details_new.cfm?gv_PER=2&gv_PAY=DE &gv_reg=ALL&gv_PGM=1095&gv_defL=9&LAN=4 (09.08.2014).
http://www.espon-usespon.eu/library,leipzig-charter-on-sustainable-european-cities. (09.08.2014).

http://www.politische-union.de/verfassungsvertrag2004/p2.htm (09.08.2014).

http://de.statista.com/statistik/daten/studie/249028/umfrage/urbanisierung-in-der-europaeischen-union-eu/ (09.08.2014).

http://www.statistik-portal.de/statistik-portal/de_jb01_jahrtab1.asp (09.08.2014).

https://www.yumpu.com/de/document/view/19500279/nationaler-strategischer-rahmenplan-nsrp-gesamtfassung-esf. (09.08.2014)

Anlagen

Anlage I: Übersicht der für den EFRE zuständigen Stellen in Bremen, NRW und Sachsen

	Verwaltungsbehörde	Bescheinigungsbehörde	Zwischengeschaltete Stellen	Prüfbehörde	Begleitausschuss
Bremen	Senator für Wirtschaft und Häfen Bereich Regional- und Wirtschaftspolitische Programme	Senator für Wirtschaft und Häfen, gesonderter Bereich innerhalb des Referat 03 Haushalt	Senator Wirtschaft und Häfen, Senatorin für Bildung und Wissenschaft, Senator für Umwelt, Bau, Verkehr und Europa, Senatorin für Arbeit, Frauen, Gesundheit, Jugend und Soziales, Bremer-Investitions-Gesellschaft mbH, Bremerhavener Gesellschaft für Investitionsförderung und Stadtentwicklung mbH	Senator für Wirtschaft und Häfen, gesonderter Bereich innerhalb der Innenrevision	Kommission, BMWi, Handelskammer Bremen, IHK Bremerhaven, Handwerkskammer Bremen bzw. Bremerhaven, Unternehmerverbände, Gewerkschaftsverbände, Arbeitgeberverbände, Arbeitnehmerkammer, Umweltschutzverbände, Institutionen zu Gleichstellung der Geschlechter, verschiedene Senatsressorts, Magistrat Bremerhaven (nicht abschließend)
NRW	Ministerium für Wirtschaft, Mittelstand und Energie	NRW Bank, Bereich Geschäftsunterstützung	Ministerium für Wirtschaft, Mittelstand und Energie; Ministerium für Arbeit, Gesundheit und Soziales; Ministerium für Umwelt und Naturschutz; Ministerium für Bauen und Verkehr; Ministerium für Generationen; Familie, Frauen und Integration; Ministerium für Innovation, Wissenschaft, Forschung und Technologie; Staatskanzlei, Minister für Bundes- und Europaangelegenheiten; Ministerium für Schule und Weiterbildung; Bez.-Reg. Arnsberg, Detmold, Düsseldorf, Köln und Münster; NRW Bank; Forschungszentrum Jülich; Zentrum für Innovation und Technik (Zenit); Effizienz-Agentur NRW; RKW Nordwest; Landesgewerbeförderstelle; IHK Beratungs- und Projektgesellschaft	Finanzministerium, Referat "Bescheinigende Stelle"	Ministerium für Wirtschaft, Mittelstand und Energie; Ministerium für Arbeit, Gesundheit und Soziales; Ministerium für Umwelt und Naturschutz; Ministerium für Bauen und Verkehr; Ministerium für Generationen, Familie, Frauen und Integration; Ministerium für Innovation, Wissenschaft, Forschung und Technologie; Staatskanzlei, Minister für Bundes- und Europaangelegenheiten; Vereinigung der IHK; Westdeutscher Handwerkskammertag, Deutscher Gewerkschaftsbund, Landesvereinigung der Arbeitgeberverbände; Landesbüro der Naturschutzverbände; Landesarbeitsgemeinschaft der kommunalen Gleichstellungsbeauftragten; AG der Spitzenverbände der freien Wohlfahrtpflege; Vertreter/-in der Hochschulen; Vertreter/-in der 16 Regionen; Vertreter/-in der komm. Spitzenverbände; BMWi; Kommission

Sachsen				
Staatsministerium für Wirtschaft und Arbeit, Abt. 1, Referat 15 - Verwaltungsbehörde für Sachsen -	Staatsministerium für Wirtschaft und Arbeit, Abt. 1, Referat 12 - Haushalt -	Staatsministerium für Wirtschaft und Arbeit; Staatsministerium für Wissenschaft und Kunst; Staatsministerium des Innern; Staatsministerium für Kultus; Staatsministerium für Umwelt und Landwirtschaft; Sächsische Aufbaubank; Sachsen LB Corporate Finance Holding GmbH; Staatsministerium für Wissenschaft und Kunst; Sächsische Anstalt für kommunale Datenverarbeitung; Regierungspräsidien; Landestalsperrenverwaltung; Staatsministerium für Wirtschaft und Arbeit	Staatsministerium der Finanzen, Abt. 1, Referat 17	Europäische Kommission, Europäische Investitionsbank, BMWi, Staatsministerium der Finanzen, Staatsministerium für Wirtschaft, Arbeit und Verkehr, Staatsministeriums für Wirtschaft, Arbeit und Verkehr, Staatsministerium für Soziales und Verbraucherschutz, Staatsministerium der Justiz und für Europa, Staatsministerium für Kultus, Staats-ministerium für Wissenschaft und Kunst, Staatsministerium für Umwelt und Landwirtschaft, Staatsministerium für Soziales und Verbraucherschutz, Staatsministerium des Innern, Landesdirektion Sachsen, Bundesagentur für Arbeit, Deutscher Paritätischer Wohlfahrtsverband, DVL-Landesbüro Sachsen, Umweltverbände, Vereinigung der sächsischen Wirtschaft e. V., DGB, Evangelisch-Lutherische Landeskirche Sachsen, Handwerkskammer Chemnitz, IHK Dresden Landesfrauenrat Sachsen e. V., Landestourismusverband Sachsen e. V., Liga der Spitzenverbände der freien Wohlfahrtspflege, Diakonisches Werk der Evangelisch-Lutherischen Landeskirche Sachsen e. V., Sächsischer Landkreistag, Sächsischer Städte- und Gemeindetag e. V. Sächsischer Landesbauernverband e. V.

Anlage II: Übersicht der in den Jahren 2007 bis 2013 den Ländern Bremen, Nordrhein-Westfalen und Sachsen gewährten Städtebauförderungsmittel des Bundes in T€ (eigene Darstellung[170])

		2007	2008	2009	2010	2011	2012	2013	Summen
Städtebauliche Sanierungs- und Entwicklungsmaßnahmen	Bremen	835	634	497	297	274	174		2.711
	NRW	21.176	16.132	12.620	7.599	7.057	4.496		69.080
	Sachsen	24.107	18.387	13.362	8.047	7.488	4.769		76.160
Stadtumbau West	Bremen	1.075	779	1.100	965	831	779	914	6.443
	NRW	22.573	17.836	28.346	25.339	22.186	20.943	24.519	161.742
	Sachsen	33.085	31.586	35.722	28.018	24.553	24.297	24.832	202.093
Stadtumbau Ost	Bremen	986	850	947	859	262	371	375	4.650
	NRW	23.569	20.212	23.600	21.385	6.460	9.095	9.137	113.458
	Sachsen	6.004	5.183	5.869	5.262	1.557	2.147	2.113	28.135
soziale Stadt	Bremen								
	NRW								
	Sachsen								
städtebaulicher Denkmalschutz	Bremen			331	333	328	318	346	1.656
	NRW			8.413	8.537	8.459	8.230	8.933	42.572
	Sachsen	27.123 €		25.239	20.792	18.435	18.611	18.897	129.097
aktive Stadt- und Ortsteilzentren	Bremen		378	357	713	751	777	810	3.786
	NRW		8.983	9.169	18.360	19.362	20.036	20.849	96.759
	Sachsen		2.303	28.864	5.648	5.886	6.034	6.158	54.893
Kleinere Städte und Gemeinden	Bremen				143	278	351	438	1.210
	NRW				3.790	7.420	9.391	11.708	32.309
	Sachsen				1.358	2.619	3.279	4.001	11.257
Summen		160.533	123.263	194.436	157.445	134.206	134.098	134.030	1.038.011

Bremen 2007–2013	20.456
NRW 2007–2013	515.920
Sachsen 2007–2013	501.635

[170] Vgl. VV Städtebauförderung 2007–2013
http://www.staedtebaufoerderung.info/StBauF/DE/Grundlagen/RechtlicheGrundlagen/RechtlicheGrundlage_node.html (09.08.2014).

Nr.	Bezeichnung	Bezeichnung der geförderten Maßnahme NRW, Stand Juli 2014	Förderungsfähige Kosten in €	Gesamtförderung in €	davon Landesmittel in €	davon Bundesmittel in €	davon EU-Mittel in €
1.	Stadt Duisburg	Soziale Stadt "Bruckhausen" Achse 4.2a 2000-2006, Zollverein, GI Urban II, Achse 3.1/3.2 07/13	142.131	113.705	42.639	0	71.066
2.	Stadt Herne	Soziale Stadt "Bickern/Unser Fritz" Regionale Wettbewerbsfähigkeit 2007-2013 (EFRE) Ziel 2	629.040	566.083	147.379	104.679	314.025
3.	Stadt Gladbeck	Soziale Stadt "Gladbeck - Brauck" Regionale Wettbewerbsfähigkeit 2007-2013 (EFRE) Ziel 2	2.567.220	2.053.000	342.000	428.000	1.283.000
4.	Stadt Aachen	Regionale Wettbewerbsfähigkeit 2007-2013 EFRE Ziel 2 "Soziale Stadt Rote Erde"	1.816.750	1.453.000	243.000	302.000	908.000
5.	Stadt Recklinghausen	Soziale Stadt "Grubad" Wettbewerbsfähigkeit 2007 - 2013 (EFRE) Ziel 2	2.040.000	1.632.000	272.000	340.000	1.020.000
6.	Stadt Ahlen	Soziale Stadt "Ahlen Süd-Ost" Wettbewerbsfähigkeit 2007-2013 (EFRE) Ziel 2	1.192.801	905.605	111.382	196.669	597.554
7.	Stadt Witten	Regionale Wettbewerbsfähigkeit 2007-2013 (EFRE) Soziale Stadt "Annen" - Folgeprojekte 2008	342.996	273.557	46.244	56.631	170.682
8.	Stadt Düren	Regionale Wettbewerbsfähigkeit 2007-2013 EFRE Ziel 2 "Soziale Stadt Düren-Nord"	834.000	667.000	111.000	139.000	417.000
9.	Stadt Bielefeld	Regionale Wettbewerbsfähigkeit 2007-2013 EFRE Ziel 2 "Soziale Stadt Sieker - Mitte"	2.670.000	2.136.000	356.000	445.000	1.335.000
10.	Stadt Brakel	Regionale Wettbewerbsfähigkeit 2007-2013 EFRE Ziel 2 "Soziale Stadt Bökendorfer Grund"	690.000	483.000	23.000	115.000	345.000
11.	Stadt Espelkamp	Regionale Wettbewerbsfähigkeit 2007-2013 EFRE Ziel 2 "Soziale Stadt Gabelhorst und Innenstadt"	1.812.000	1.450.000	242.000	302.000	906.000
12.	Stadt Hamm	Regionale Wettbewerbsfähigkeit 2007-2013 (EFRE) Soziale Stadt "Hamm-Westen" (Verkehrskonzept u.a.)	1.306.000	1.045.000	175.000	217.000	653.000
13.	Stadt Hamm	Regionale Wettbewerbsfähigkeit 2007-2013 (EFRE) Stadtumbau West "Bahnhofsquartier"	9.090.000	7.272.000	1.371.000	1.420.000	4.481.000
14.	Stadt Gelsenkirchen	Regionale Wettbewerbsfähigkeit 2007-2013 (EFRE) Ziel 2 Soziale Stadt - Gelsenkirchen Südost	2.467.000	1.973.000	329.000	411.000	1.233.000
15.	Stadt Bottrop	Regionale Wettbewerbsfähigkeit 2007-2013 (EFRE) Ziel 2 Soziale Stadt - Lehmkuhle/Ebel	1.500.000	1.200.000	200.000	250.000	750.000
16.	Stadt Wuppertal	Regionale Wettbewerbsfähigkeit 2007-2013 (EFRE) Stadtumbau West "Elberfelder Nordstadt/Arrenberg	1.191.033	952.826	149.310	208.000	595.516
17.	Stadt Herten	Regionale Wettbewerbsfähigkeit 2007-2013 (EFRE) Ziel 2 Programm Stadtumbau West "Herten-Süd"	1.271.986	1.017.389	170.066	211.331	635.992
18.	Stadt Marl	Regionale Wettbewerbsfähigkeit 2007-2013 (EFRE) Soziale Stadt "Hüls-Süd" Handlungskonzept u.a.	1.712.400	1.368.000	228.000	285.000	855.000
19.	Stadt Essen	Regionale Wettbewerbsfähigkeit 2007-2013 (EFRE) Stadtumbau West Altendorf-Nord	1.911.258	1.529.006	254.147	319.230	955.629
20.	Stadt Duisburg	Soziale Stadt "Marxloh" Ziel 2 2000-2006 4.2 A Begegnungsstätte an Moscheeneubau Warburgstraße	462.614	416.353	185.046	0	231.307
21.	Stadt Duisburg	Regionale Wettbewerbsfähigkeit 2007-2013 (EFRE) Soziale Stadt Bruckhausen (Grüngürtel-Nord)	3.273.750	2.619.000	785.700	523.800	1.309.500
22.	Stadt Mülheim	Regionale Wettbewerbsfähigkeit 2007-2013 (EFRE) Stadtumbau West SG "Innenstadt/Ruhrpromenade"	3.334.000	2.333.800	111.200	555.600	1.667.000
23.	Stadt Wuppertal	Regionale Wettbewerbsfähigkeit 2007-2013 (EFRE) Stadtumbau West "Bochum Westend" (Teilmaßnahmen)	2.192.665	1.754.132	281.166	376.634	1.096.332
24.	Stadt Bochum	Regionale Wettbewerbsfähigkeit 2007-2013 (EFRE) Stadtumbau West "Innenstadt" (Puppenhaus u.a.)	1.150.000	920.000	154.000	191.000	575.000
25.	Stadt Bochum	Regionale Wettbewerbsfähigkeit 2007-2013 (EFRE) Stadtumbau West "Innere Hustadt" (Teilmaßnahmen)	1.757.000	1.406.000	235.000	293.000	878.000
26.	Stadt Bochum	Soziale Stadt NRW Marxloh EU-Ziel 2 PRG 2000-2006 Projekt "Internationales Handelszentrum"	687.500	550.000	92.000	115.000	343.000
27.	Stadt Duisburg	Soziale Stadt Bruckhausen -Ziel2 2007-2013- Multikulturelles Schulprojekt für Europa -MUS-E-	8.500	7.650	3.400	0	4.250
28.	Stadt Duisburg	Soziale Stadt Bruckhausen -Ziel2 2007-2013- Multikulturelles Schulprojekt für Europa -MUS-E-	1.687.236	1.349.789	0	0	1.349.789
29.	Stadt Espelkamp	Soziale Stadt Gabelhorst und Innenstadt Kantstr., Hedrichsdorf, Breslauer Str.1 u.a.	1.667.500	1.334.000	222.250	278.000	833.750

Nr.	Stadt	Projekt					
30.	Stadt Essen	Soziale Stadt-Bochold/Altendorf-Nord- Rheinische Bahn, Niederfeldsee, Krupp-Park (1.BA)	2.642.656	2.114.125	352.976	439.821	1.321.328
31.	Stadt Essen	Soziale Stadt NRW Katernberg Design-u. Kulturstandort Zollverein, Vereinspark	5.283.000	4.754.700	1.232.700	880.500	2.641.500
32.	Stadt Essen	Soziale Stadt NRW Katernberg Besucherzentrum Ruhr - Portal der Industriekultur	260.182	234.164	52.036	52.036	130.092
33.	Stadt Aachen	Soziale Stadt-Ost/Rothe Erde- Haus der Identität/Integration im Geb. Rheinnadel	5.138.449	4.110.760	726.921	908.650	2.475.189
34.	Stadt Brakel	Soziale Stadt NRW-Bökendorfer Grund- EFRE Ziel2 Spiel-,Grün-Freifläche (2.BA) Integrationsarbeit	701.579	490.705	23.010	116.942	350.753
35.	Stadt Wuppertal	Soziale Stadt-Elberfelder Nordstadt/Arrenberg	723.123	578.498	96.416	120.521	361.561
36.	Stadt Wuppertal	Soziale Stadt-Unterbarmen	350.875	280.700	46.784	58.479	175.437
37.	Stadt Bielefeld	Soziale Stadt Sennestadt (Grünzug Bullenbachtal) Wettbewerb Neuentwicklung -Grünes Rückgrat-	662.500	530.000	89.000	110.000	331.000
38.	Stadt Dortmund	Soziale Stadt Hörde-Zentrum (EFRE Ziel 2) Gestaltungskonzept, Netzwerk lokale Ökonomie u.a.	933.833	747.066	124.511	155.639	466.916
39.	Stadt Hamm	Soziale Stadt Hamm-Westen (EFRE Ziel 2 Programm) WUF, Bürgerberatung, Im Westen was Neues u.a.	1.125.000	900.000	150.020	187.480	562.500
40.	Stadt Herne	Soziale Stadt-Bickern/Unser Fritz (EFRE Ziel 2) Emschermulde, Ortelsberger Str., Hüller Straße	472.617	425.356	110.267	78.780	236.309
41.	Stadt Hamm	Stadtumbau West -Bahnhofsquartier- Bereich der ehem. Kaufhäuser Horten u. Kaufhalle	8.750.000	7.000.000	1.167.000	1.458.000	4.375.000
42.	Stadt Herne	Stadtumbau West -Wanne Mitte- (EFRE Ziel2) verschiedene Maßnahmen, Umgestaltungen	5.860.000	4.688.000	782.000	976.000	2.930.000
43.	Stadt Bochum	Stadtumbau West -Innere Hustadt- Brunnenplatz, Spielen im Laerholz, u.a.	1.053.000	842.400	141.400	175.000	526.000
44.	Stadt Bochum	Stadtumbau West/Stadtumbau West-Bochum Westend- Springerplatz, Rottstraße, Henriettenwiese u.a.	5.422.500	4.338.000	724.000	903.000	2.711.000
45.	Stadt Bochum	Stadtumbau West -Innenstadt- Pumpenhaus (2.BA) Neubau Parkhaus an der Jahrhunderthalle	3.429.462	2.253.000	240.000	299.000	1.714.000
46.	Stadt Bochum	Stadtumbau West/Stadtumbau West -Innere Hustadt- Brunnenplatz, Spielen im Laerholz, u.a.	1.053.000	842.400	141.400	175.000	526.000
47.	Stadt Bochum	Stadtumbau West/Stadtumbau West -Bochum Westend- Springerplatz, Rottstraße, Henriettenwiese u.a.	5.422.500	4.338.000	724.000	903.000	2.711.000
48.	Stadt Bottrop	Soziale Stadt NRW Lehmkuhle/Ebel/Welheimer Markt Wettbewerb. 2007-2013 EFRE Ziel 2 Programm	3.395.000	2.716.000	595.333	636.917	1.483.750
49.	Stadt Gelsenkirchen	Soziale Stadt-Südost (Verschiedene Maßnahmen 2009) Wettbewerb Ziel 2 2007-2013 EFRE	1.748.000	1.398.000	233.000	291.000	874.000
50.	Stadt Gelsenkirchen	Soziale Stadt Schalke Wohnungsbestandsverbesserungen, Gestaltung u.a.	500.000	400.000	67.000	83.000	250.000
51.	Stadt Dorsten	Soziale Stadt -Hervest- (Verschiedene Maßnahmen) Handlungskonzept, Begegnungszentrum, Netzwerk u.a.	1.630.367	1.304.084	217.847	271.059	815.178
52.	Stadt Gladbeck	Soziale Stadt -Brauck- (Verschiedene Maßnahmen) Wettbewerb Ziel2 Programm 2007-2013 (EFRE)	759.190	607.000	102.000	126.000	379.000
53.	Stadt Herten	Soziale Stadt Herten-Nord Umsetzung integriertes Handlungskonzept u.a.	1.217.500	974.000	163.000	203.000	608.000
54.	Stadt Marl	Soziale Stadt Hüls-Süd (EFRE Ziel 2 Programm) Umsetzung des integrierten Handlungskonzept	796.100	636.000	106.000	132.000	398.000
55.	Stadt Herten	Stadtumbau West -Herten-Süd- Umsetzung Integriertes Handlungskonzept u.a.	2.448.855	1.959.000	327.000	408.000	1.224.000
56.	Stadt Duisburg	Soziale Stadt Marxloh (Grüngürtel-Nord) Wettbewerb 2007-2013 (EFRE) Ziel 2 Programm	957.500	766.000	127.667	159.583	478.750
57.	Stadt Duisburg	Soziale Stadt Bruckhausen (Grüngürtel-Nord) Wettbewerb 2007-2013 (EFRE) Ziel 2 Programm	2.515.000	2.012.000	335.334	419.166	1.257.500
58.	Stadt Duisburg	Soziale Stadt NRW Beeck (Grüngürtel-Nord) Wettbewerb 2007-2013 (EFRE) Ziel 2 Programm	561.250	449.000	74.835	93.540	280.625
59.	Stadt Köln	Soziale Stadt Mülheim 2020 (1.BA) EFRE Ziel2 Stadtteilmütter, Bildungsbüro, Sprachförderung u.a.	13.444.819	10.755.855	1.794.026	2.239.420	6.722.409
60.	Stadt Iserlohn	Soziale Stadt "Südl. Innenstadt/Obere Mühle" Starterprojekte Ziel 2-PRG EFRE 2007-2013	1.628.607	977.164	0	162.861	814.303
61.	Stadt Iserlohn	Soziale Stadt "Südl. Innenstadt/Obere Mühle" Modellprojekte Ziel 2-PRG EFRE 2007-2013	279.500	167.700	0	27.950	139.750
62.	Stadt Viersen	Soziale Stadt "Südstadt" Südstadtsommer, Stadtteilbüro, Grünfläche Alter ev. Friedhof	490.897	392.718	65.453	81.816	245.449
63.	Stadt Hamm	Soziale Stadt "Hamm-Westen" Planung, Funpark, Wald, Pflanz- und Saatarbeiten u.a.	3.110.000	2.488.000	414.668	518.332	1.555.000
64.	Stadt Wuppertal	Soziale Stadt Elberfeld Nordstadt/Arrenberg Gutenbergplatz, Fassadenbeleuchtung, Spielplatz	1.004.463	803.570	133.929	167.410	502.231
65.	Stadt Mönchengladbach	Soziale Stadt "Campuspark/Pahlkebad" Umgestaltung Marktplatz, Handlungskonzept u.a.	7.500.000	6.000.000	1.000.000	1.250.000	3.750.000
66.	Stadt Herten	Soziale Stadt Herten-Nord Ziel2-Programm Regionale Wettbewerb 2007-2013 EFRE	3.892.879	3.114.303	582.766	680.660	1.850.877

Nr.	Stadt	Projekt					
67.	Stadt Remscheid	Stadtumbau West Stachelhausen, Honsberg, Blumental Kremenholl (Gemeindehaus Neue Mitte Honsberg)	6.187.147	4.949.718	825.365	1.030.779	3.093.574
68.	Stadt Herten	Stadtumbau West Süd (Integriertes Handlungskonzept Wettbewerb 2007-2013 (EFRE) Ziel 2-Programm	1.406.250	1.125.000	187.875	234.000	703.125
69.	Stadt Espelkamp	Stadtumbau Stufe "Gabelhorst und Innenstadt" WUF Brandenburger Ring 1-7, 28-50, Tannenbergplatz	465.000	372.000	62.500	77.000	232.500
70.	Stadt Bielefeld	Stadtumbau West "Nördlicher Innenstadtrand" Kesselbrinks 2.BA, Gebäude F (Projekt Lenkwerk)	5.230.000	4.184.000	698.000	871.000	2.615.000
71.	Stadt Alsdorf	Soziale Stadt "Kernausstellung Energeticon" Projektmanagement Kernausstellung	3.449.263	2.759.411	598.779	436.001	1.724.631
72.	Stadt Lünen	Soziale Stadt "Gahmen" Produktionsschulbistro, Integriertes Handlungskonzept, Hirtenweg u.a.	750.000	600.000	100.000	125.000	375.000
73.	Stadt Aachen	Soziale Stadt "Nord" (1. Förderstufe) Planungskosten "viTalStation","Spielplatzprogramm	2.520.382	2.016.306	336.052	420.063	1.260.191
74.	Stadt Hamm	Stadtumbau West "Bahnhofsquartier" (EFRE Ziel 2) Ehemalige Kaufhäuser - Horten und Kaufhalle -	9.051.410	7.241.128	1.207.005	1.508.418	4.525.705
75.	Stadt Hamm	Soziale Stadt "Hamm-Westen" Sprachförderprojekt, Stadtteilorientierte Jugendarbeit, Go West u.a.	905.000	724.000	121.012	150.488	452.500
76.	Stadt Bochum	Soziale Stadt "Innere Hustadt" (EFRE Ziel2) Gestaltung Brunnenplatz, Querung Hustadtring u.a.	2.335.850	1.868.680	312.680	389.000	1.167.000
77.	Stadt Bochum	Soziale Stadt "Westend" (EFRE Ziel2 Programm) Platz an der Rottstr., Goldhammerstr., u.a.	3.394.452	2.715.561	453.561	565.000	1.697.000
78.	Stadt Leverkusen	Soziale Stadt "Rheindorf" Friedenspark,Königsberger Platz,Festplatz u.a.	5.071.300	4.564.170	1.183.304	845.216	2.535.650
79.	Stadt Dorsten	Soziale Stadt "Hervest" Errichtung soziokulturelles Zentrum (Schwerpunkt offene Jugendarbeit)	1.288.889	1.160.000	300.742	214.814	644.444
80.	Stadt Dorsten	Soziale Stadt "Hervest" - Hervest Treffpunkte, Angebote für Jugendliche u.a.	351.666	316.500	82.056	58.611	175.833
81.	Stadt Gladbeck	Soziale Stadt - Brauck - Öffentlichkeitsarbeit, Hof- u. Hausflächenprogramm	340.600	272.480	45.420	56.760	170.300
82.	Stadt Gladbeck	Soziale Stadt - Modellvorhaben - Brauck	914.876	731.900	121.982	152.480	457.438
83.	Stadt Gladbeck	Soziale Stadt - Modellvorhaben - Mitte Handlungskonzept Kindertagesstätte-Grundschule Eltern u.a.	587.000	528.300	58.700	176.100	293.500
84.	Stadt Gladbeck	Soziale Stadt - Mitte - Quartiersmanagement 4 Jahre Familienfreundliche Gestaltung, Bespielbare Stadt	1.905.330	1.714.797	250.698	571.599	892.500
85.	Stadt Witten	Soziale Stadt "Annen" Straßenraumgestaltung, Verlängerung Quartiersmanagement 2011-2012 u.a.	1.305.700	1.175.130	304.665	217.615	652.850
86.	Stadt Duisburg	Soziale Stadt "Marxloh" Grüngürtel-Nord	1.913.125	1.530.500	260.185	313.753	956.562
87.	Stadt Essen	Soziale Stadt "Bochold/Altendorf-Nord" Abtrag des 4m hohen Bahndamms der Rheinischen Bahn	2.786.433	2.229.147	390.101	445.829	1.393.217
88.	Stadt Duisburg	Soziale Stadt "Beek" Grüngürtel-Nord	1.120.625	896.500	152.405	183.783	560.312
89.	Stadt Dortmund	Soziale Stadt "Nordstadt" Handlungskonzept, Lichtgestaltung, Schüler helfen Schüler u.a.	625.000	500.000	84.500	103.500	312.000
90.	Stadt Dortmund	Soziale Stadt Hörde-Zentrum Stadtgestaltungsplan, Projekte im öffentlichen Raum, Gestalt. Bahnhofstraße	4.822.000	3.857.600	642.933	803.667	2.411.000
91.	Stadt Dortmund	Soziale Stadt "Hörde Zentrum" Modellmaßnahmen Bildung und Schule, Sprachförderung, u.a.	415.000	332.000	55.583	69.291	207.126
92.	Stadt Duisburg	Soziale Stadt "Bruckhausen" Grüngürtel-Nord	5.026.875	4.021.500	683.655	824.408	2.513.437
93.	Stadt Bottrop	Soziale Stadt "Lehmkuhle/Ebel/Welheimer Mark" Interkultur und Seminarreihe Wir in Ebel	145.200	130.680	33.880	24.200	72.600
94.	Stadt Gelsenkirchen	Soziale Stadt "Schalke" Haus und Hofflächenprogramm, Gestaltung Giebelwände, Schulhoferneuerung u.a.	1.417.000	1.133.600	188.933	236.167	708.500
95.	Stadt Gelsenkirchen	Soziale Stadt "Südost" Modellvorhaben Opera School Projektbild Sprachen, Wirtschaftsförderungsbüro	500.000	400.000	67.000	83.000	250.000
96.	Stadt Gelsenkirchen	Soziale Stadt - Modellvorhaben - Schalke Schalker Dienste, Treffpunkt für Jugendliche u.a.	605.000	484.000	80.667	100.833	302.500
97.	Stadt Castrop-Rauxel	Soziale Stadt - Modellvorhaben - Habinghorst Haus der Begegnung, Frauen-(Gesundheits-)Treff u.a	226.000	203.400	52.733	37.667	113.000
98.	Stadt Castrop-Rauxel	Soziale Stadt - Habinghorst - Grüne Achse, Sicherheit, Spielmöglichkeiten u.a.	1.246.800	1.122.120	290.920	207.800	623.400
99.	Stadt Marl	Soziale Stadt "Hüls-Süd" Planungskosten Quartierspromenade, Quartiersplatz, Park u.a.	1.169.000	993.650	214.317	194.833	584.500
100.	Stadt Mönchengladbach	Soziale Stadt Rheydt "Campuspark/Pahlkebad" Handlungskonzept, Lichtkonzept, Marktplatz u.a.	11.114.376	8.891.501	3.334.313	0	5.557.188
101.	Stadt Dortmund	Soziale Stadt "Nordstadt" Handlungskonzept Eingänge Nordstadt, Kreative Brücken u.a.	2.150.813	1.720.650	645.244	0	1.075.406
102.	Stadt Essen	Soziale Stadt "Bochold Altendorf-Nord" Niederfeldsee Umgestaltung Straßen, Ehrenzeller Park	4.452.400	3.561.920	1.335.720	0	2.226.200
103.	Stadt Gladbeck	Soziale Stadt "Gladbeck Mitte" Familienfreundliche Gestaltung Innenstadt, Schulhofumgestaltung u.a.	3.338.000	3.004.200	778.900	556.300	1.669.000

Nr.	Stadt	Beschreibung					
104.	Stadt Gelsenkirchen	Soziale Stadt "Schalke" Blockinnenbereichsgestaltung Schulhoferneuerung GS Leipziger Str., Spielplatz	230.000	184.000	30.700	38.300	115.000
105.	Stadt Bottrop	Soziale Stadt Lehmkuhle/Ebel/Welheimer Mark Aufwertung des Stadtteileingangs Ebel-Nord	250.000	200.000	33.325	41.675	125.000
106.	Stadt Lünen	Soziale Stadt "Gahmen" soziokulturelles Zentrum, Kümperheide, Grüne Mitte, Stadtteilmanagement u.a.	2.026.000	1.620.800	270.133	337.667	1.013.000
107.	Stadt Gladbeck	Soziale Stadt "Gladbeck Mitte" Lichtkonzept, Grüne Achse Innenstadt, Rathauspark-Jovyplatz u.a.	1.350.000	1.080.000	180.000	225.000	675.000
108.	Stadt Bielefeld	Soziale Stadt "Sieker Mitte" Umgestaltung öffentlicher Grün-, Spielplätze, Wege	345.800	276.640	46.130	57.610	172.900
109.	Stadt Espelkamp Stadt	Soziale Stadt "Gabelhorst-Innenstadt" WUF Gabelhorst 1, 30-32, Hirschberger Weg, u.a.	640.000	512.000	86.000	106.000	320.000
110.	Mönchengladbach	Soziale Stadt "Innenstadt Rheydt Campuspark" Neugestalt. Sparkassenvorplatz, Cityparkhaus u.a.	3.975.000	3.180.000	556.500	636.000	1.987.500
111.	Stadt Brakel	Soziale Stadt NRW - Bökendorfer Grund - Stadtteilzentrum, Platzgestalt., Umbau Tankstelle	1.761.000	1.232.700	59.200	293.000	880.500
112.	Stadt Castrop-Rauxel	Soziale Stadt "Habinghorst" Umgestaltung der Lange Straße	2.103.000	1.682.400	280.400	350.500	1.051.500
113.	Stadt Gelsenkirchen	Aktive Stadt- und Ortsteilzentren (EFRE Ziel 2) Die Wiederentdeckung der historischen Mitte Buer	440.000	220.000	0	0	220.000
114.	Stadt Hattingen	Aktives Stadtzentrum Innenstadt EFRE Wettbewerb Stadttor La Porta aperta	154.200	107.940	30.840	0	77.100
115.	Stadt Hattingen	Aktives Stadtzentrum Innenstadt EFRE-Wettbewerb -Licht in der Altstadt-	200.000	140.000	40.000	0	100.000
116.	Stadt Solingen	Aktive Stadt- und Ortsteile Innenstadt-City 2013 Stadtkirche, Alter Markt, Omega-Gelände u.a.	3.887.426	3.109.941	518.324	647.904	1.943.713
		Summen:	256.467.771	205.747.633	38.821.165	39.051.767	127.874.701
		Summe Land und Bund:		77.872.932			

Anlage IV: Sachsen - Maßnahmen mit kombinierten Förderungen EFRE/StBauF in der FP 2007—2013 in €

Nr.	Bezeichnung des Vorhabens	Durchführungsort	Gesamtkosten (GK)	Zuschussfähige Gesamtkosten	EU-Mittel	BW öffentliche Mittel (Bund und Land)	BW Kommune
1.	Ausbau Nördliche Straße am Wilhelmsplatz	Görlitz, Stadt	276.540,00	119.900,00	89.925,00	29.975,00	11.990,00
2.	Postplatz - Toberentzbrunnen	Görlitz, Stadt	424.909,31	424.909,31	318.681,98	106.227,33	42.490,93
3.	Postplatz-Platzgestaltung	Görlitz, Stadt	492.462,63	353.327,18	264.995,38	88.331,80	42.819,46
4.	Erschließung Sportpark - Parkplatz	Großenhain, Stadt	153.401,70	153.401,70	115.051,27	38.350,43	15.340,17
5.	Energetische Sanierung des Lessing-Gymnasium, 1. BA	Döbeln, Stadt	930.332,29	923.298,66	692.473,99	230.824,67	92.329,89
6.	Erschließung Sportpark - Freiflächengestaltung	Großenhain, Stadt	520.530,11	518.927,14	389.195,35	129.731,79	51.892,71
7.	Abbruch ehemalige REMA	Stollberg/Erzgebirge, Stadt	454.395,00	371.550,00	278.662,50	92.887,50	37.155,00
8.	Erschließung Remonteplatz - 2. und 3. BA	Großenhain, Stadt	339.757,80	125.186,17	93.889,62	31.296,55	12.518,62
9.	Projektsteuerung	Ebersbach-Neugersdorf, Stadt	150.000,00	150.000,00	112.500,00	37.500,00	35.000,00
10.	Energetische Sanierung der ehemaligen Synagoge	Görlitz, Stadt	560.000,00	560.000,00	420.000,00	140.000,00	56.000,00
11.	Generalsanierung Haus II Martin-Luther-Gymnasium	Frankenberg/Sa., Stadt	2.698.455,00	2.645.138,00	1.983.853,50	661.284,50	264.513,80
12.	Haus der Demokratie-Sanierung des Gebäudes	Döbeln, Stadt	211.070,53	208.500,00	156.375,00	52.125,00	20.850,00
13.	Funktionsgebäude Sportpark	Stollberg/Erzgebirge, Stadt	2.996.874,49	2.762.557,53	2.071.918,14	690.639,39	276.255,77
14.	Qualifizierung Elblinie-Hafenwächter und Campuspark	Riesa, Stadt	536.515,30	536.515,30	402.386,47	134.128,83	61.998,83
15.	Sanierung der Sporthalle "Burgstraße" Dach, Heizung, Lüftung	Döbeln, Stadt	712.610,13	708.217,63	531.163,22	177.054,41	70.821,78
16.	Revitalisierung Bürgergarten	Stollberg/Erzgebirge, Stadt	5.555.693,32	4.519.652,50	3.389.739,37	1.129.913,13	451.965,27
17.	Umbau einer ehem. KFZ-Halle zum Sportgemeinschaftshaus	Großenhain, Stadt	693.366,60	655.849,18	491.886,88	163.962,30	65.584,92
18.	Errichtung einer Mountainbikestrecke und Kletterwand	Döbeln, Stadt	149.240,87	142.653,10	106.989,82	35.663,28	15.540,10
19.	Stadttheater Döbeln- Innensanierung des Haupthauses	Döbeln, Stadt	1.814.882,44	1.730.012,19	1.260.895,65	469.116,54	243.250,84
20.	Erschließung Remonteplatz - 1. Bauabschnitt	Großenhain, Stadt	550.945,95	502.682,98	377.012,23	125.670,75	50.268,31
21.	Ausbau Nördliche Straße am Wilhelmsplatz	Görlitz, Stadt	276.540,00	119.900,00	89.925,00	29.975,00	11.990,00
22.	Sanierung soziokulturelles Zentrum Alberttreff	Großenhain, Stadt	2.144.955,72	1.867.154,36	1.400.365,77	466.788,59	280.073,15
23.	Kulturzentrum Wasserturm	Ebersbach-Neugersdorf, Stadt	810.370,40	793.809,74	595.357,30	198.452,44	79.380,98
24.	Ideenwerkstatt Teichanlage	Ebersbach-Neugersdorf, Stadt	7.625,00	7.625,00	5.718,75	1.906,25	762,50
25.	Sanierung Stammhaus - Kompetenzzentrum Umgebindearchitektur	Ebersbach-Neugersdorf, Stadt	1.097.096,47	1.005.548,51	754.161,38	251.387,13	100.554,86
		Summen:			16.393.123,57	5.513.192,61	2.391.347,89